D0176705

A TREE
WITHIN

ALSO BY OCTAVIO PAZ

Configurations

A Draft of Shadows

Eagle or Sun?

Early Poems 1935–1955

Selected Poems

The Collected Poems of Octavio Paz,
1957–1987

OCTAVIO PAZ

A TREE
WITHIN

Translated by Eliot Weinberger

A NEW DIRECTIONS BOOK

Copyright © 1987, 1988 by Octavio Paz
Copyright © 1987, 1988 by Eliot Weinberger

All rights reserved. Except for brief passages quoted in a newspaper, magazine, radio, or television review, no part of this book may be reproduced in any form or by any means, electronic or mechanical, including photocopying and recording, or by any information storage and retrieval system, without permission in writing from the Publisher.

The Spanish texts printed here were originally published as *Árbol Adentro* in 1987 by Editorial Seix Barral, S.A., and were included under that title in *The Collected Poems of Octavio Paz, 1957–1987* (New Directions, 1987), with translations by Eliot Weinberger as well as Elizabeth Bishop and Mark Strand. All the translations in the present volume, *A Tree Within*, are by Eliot Weinberger.

Manufactured in the United States of America
New Directions Books are printed on acid-free paper.
First published as New Directions Paperbook 661 in 1988
Published simultaneously in Canada by Penguin Books Canada Limited

Library of Congress Cataloging-in-Publication Data
Paz, Octavio, 1914–
    [Arbol adentro. English]
    A tree within / Octavio Paz; translated by Eliot Weinberger.
        p.   cm.
    Translation of: Arbol adentro.
    Includes index.
    ISBN 0–8112–1071–5 (pbk.: alk. paper)
    1.   Paz, Octavio, 1914–   —Translations, English.   I.   Title.
PQ7297.P285A8813   1988   88–19666
861—dc 19   CIP

New Directions Books are published for James Laughlin
by New Directions Publishing Corporation,
80 Eighth Avenue, New York 10011

Contents

ARBOL ADENTRO

A TREE WITHIN
1976-1987

PROEMA

A veces la poesía es el vértigo de los cuerpos y el vértigo de la dicha y el vértigo de la muerte;

el paseo con los ojos cerrados al borde del despeñadero y la verbena en los jardines submarinos;

la risa que incendia los preceptos y los santos mandamientos;

el descenso de las palabras paracaídas sobre los arenales de la página;

la desesperación que se embarca en un barco de papel y atraviesa, durante cuarenta noches y cuarenta días, el mar de la angustia nocturna y el pedregal de la angustia diurna;

la idolatría al yo y la execración al yo y la disipación del yo;

la degollación de los epítetos, el entierro de los espejos;

la recolección de los pronombres acabados de cortar en el jardín de Epicuro y en el de Netzahualcoyotl;

el solo de flauta en la terraza de la memoria y el baile de llamas en la cueva del pensamiento;

las migraciones de miríadas de verbos, alas y garras, semillas y manos;

los substantivos óseos y llenos de raíces, plantados en las ondulaciones del lenguaje;

el amor a lo nunca visto y el amor a lo nunca oído y el amor a lo nunca dicho: el amor al amor.

Sílabas semillas.

PROEM

At times poetry is the vertigo of bodies and the vertigo of speech and the vertigo of death;

the walk with eyes closed along the edge of the cliff, and the verbena in submarine gardens;

the laughter that sets fire to rules and the holy commandments;

the descent of parachuting words onto the sands of the page;

the despair that boards a paper boat and crosses,

for forty nights and forty days, the night-sorrow sea and the day-sorrow desert;

the idolatry of the self and the desecration of the self and the dissipation of the self;

the beheading of epithets, the burial of mirrors;

the recollection of pronouns freshly cut in the garden of Epicurus, and the garden of Netzahualcoyotl;

the flute solo on the terrace of memory and the dance of flames in the cave of thought;

the migrations of millions of verbs, wings and claws, seeds and hands;

the nouns, bony and full of roots, planted on the waves of language;

the love unseen and the love unheard and the love unsaid: the love in love.

Syllables seeds.

Gavilla

ENTRE LO QUE VEO Y DIGO . . .
A Roman Jakobson

1

Entre lo que veo y digo,
entre lo que digo y callo,
entre lo que callo y sueño,
entre lo que sueño y olvido,
la poesía.
            Se desliza
entre el sí y el no:
                        dice
lo que callo,
                calla
lo que digo,
                sueña
lo que olvido.
                No es un decir:
es un hacer.
                Es un hacer
que es un decir.
                    La poesía
se dice y se oye:
                    es real.
Y apenas digo
            es real,
se disipa.
            ¿Así es más real?

2

Idea palpable,
                palabra
impalpable:
                la poesía
va y viene

Sheaf

BETWEEN WHAT I SEE AND WHAT I SAY . . .
for Roman Jakobson

1

Between what I see and what I say,
between what I say and what I keep silent,
between what I keep silent and what I dream,
between what I dream and what I forget:
poetry.
      It slips
between yes and no,
              says
what I keep silent,
              keeps silent
what I say,
        dreams
what I forget.
          It is not speech:
it is an act.
          It is an act
of speech.
        Poetry
speaks and listens:
              it is real.
And as soon as I say
          it is real,
it vanishes.
          Is it then more real?

2

Tangible idea,
          intangible
word:
    poetry
comes and goes

entre lo que es
y lo que no es.
                Teje reflejos
y los desteje.
            La poesía
siembra ojos en la página,
siembra palabras en los ojos.
Los ojos hablan,
                las palabras miran,
las miradas piensan.
              Oír
los pensamientos,
            ver
lo que decimos,
            tocar
el cuerpo de la idea.
             Los ojos
se cierran,
            las palabras se abren.

BASHO AN

El mundo cabe
en diecisiete sílabas:
tú en esta choza.

Troncos y paja:
por las rendijas entran
Budas e insectos.

Hecho de aire
entre pinos y rocas
brota el poema.

Entretejidas
vocales, consonantes:
casa del mundo.

                    between what is
and what is not.
                    It weaves
and unweaves reflections.
                              Poetry
scatters eyes on a page,
scatters words on our eyes.
Eyes speak,
              words look,
looks think.
              To hear
thoughts,
         see
what we say,
              touch
the body of an idea.
                    Eyes close,
the words open.

BASHO AN

The whole world fits in-
to seventeen syllables,
and you in this hut.

Straw thatch and tree trunks:
they come in through the crannies:
Buddhas and insects.

Made out of thin air,
between the pines and the rocks
the poem sprouts up.

An interweaving
of vowels and the consonants:
the house of the world.

Huesos de siglos,
penas ya peñas, montes:
aquí no pesan.

Esto que digo
son apenas tres líneas:
choza de sílabas.

EJEMPLO

La mariposa volaba entre los autos.
Marie José me dijo: ha de ser Chuang Tzu,
de paso por Nueva York.
                    Pero la mariposa
no sabía que era una mariposa
que soñaba ser Chuang Tzu
                    o Chuang Tzu
que soñaba ser una mariposa.
La mariposa no dudaba:
                    volaba.

VIENTO Y NOCHE

Hora de viento,
noche contra la noche,
aquí, en mi noche.

El viento toro
corre, se para, gira,
¿va a alguna parte?

Viento ceñudo:
en las encrucijadas
se rompe el alma.

Como yo mismo,
acumulada cólera
sin desenlace.

Centuries of bones,
mountains: sorrow turned to stone:
here they are weightless.

What I am saying
barely fills up the three lines:
hut of syllables.

EXAMPLE

A butterfly flew between the cars.
Marie José said: it must be Chuang Tzu,
on a tour of New York.
                              But the butterfly
didn't know it was a butterfly
dreaming it was Chuang Tzu
                              or Chuang Tzu
dreaming he was a butterfly.
The butterfly never wondered:
                              it flew.

WIND AND NIGHT

Hour of wind,
night against night,
here, in my night.

The wind, a bull,
runs, stops, turns—
is it going anywhere?

Grim wind:
the soul is broken
on the crossroads.

Like me,
rage hoarded
with no release.

¿A donde estoy?
El viento viene y va.
Ni aquí ni allá.

Espejo ciego.

AL VUELO (1)

NARANJA

Pequeño sol
quieto sobre la mesa,
fijo mediodía.
Algo le falta:
                    noche.

ALBA

Sobre la arena
escritura de pájaros:
memorias del viento.

ESTRELLAS Y GRILLO

Es grande el cielo
y arriba siembran mundos.
Imperturbable,
prosigue en tanta noche
el grillo berbiquí.

NO-VISIÓN

Hora nula, cisterna
donde mi pensamiento
a sí mismo se bebe.

Por un instante inmenso
he olvidado mi nombre.
Poco a poco desnazco,
diáfano advenimiento.

Where am I?
The wind comes and goes.
Neither here nor there.

Mirror blinded.

ON THE WING (1)

ORANGE

Little sun
silent on the table,
permanent noon.
It lacks something:
                        night.

DAWN

On the sand,
bird-writing:
the memoirs of the wind.

STARS AND CRICKET

The sky's big.
Up there, worlds scatter.
Persistent,
unfazed by so much night,
a cricket: brace and bit.

NON-VISION

Barren hour, reservoir
where my thoughts
drink themselves.

For one enormous moment
I forgot my name.
Little by little I was unborn,
diaphanous arrival.

CALMA

Luna, reloj de arena:
la noche se vacía,
la hora se ilumina.

CUARTETO

A Alejandro y Olbeth Rossi

I

Paisaje familiar mas siempre extraño,
enigma de la palma de la mano.

El mar esculpe, terco, en cada ola,
el monumento en que se desmorona.

Contra el mar, voluntad petrificada,
la peña sin facciones se adelanta.

Nubes: inventan súbitas bahías
donde un avión es barca desleída.

Se disipa, impalpable abecedario,
la rápida escritura de los pájaros.

Camino entre la espuma y las arenas,
el sol posado sobre mi cabeza:

entre inmovilidad y movimiento
soy el teatro de los elementos.

II

Hay turistas también en este playa,
hay la muerte en bikini y alhajada,

nalgas, vientres, cecinas, lomos, bofes,
la cornucopia de fofos horrores,

plétora derramada que anticipa
el gusano y su cena de cenizas.

C A L M

Sand-clock moon:
the night empties out,
the hour is lit.

QUARTET
for Alejandro and Olbeth Rossi

I

A landscape familiar yet always strange,
the enigma of a palm of a hand.

The sea stubbornly carves, with each wave,
the monument that it wears away.

Against the sea, will of stone,
the featureless rocks continue on.

The clouds inventing sudden bays
where an airplane is a ship that fades.

An intangible primer of air,
the hasty scrawl of the birds disappears.

I walk between the foam and the sand,
the sun perched upon my head:

fixed between immobility and movement,
I am the theater of the elements.

II

There are also tourists on this beach,
there's death in bikinis and fancy jewels,

thighs, bellies, flanks, ribs, lungs,
the cornucopia of spongy horrors,

an abundance of riches that awaits
the worm and its dinner of ashes.

Contiguos, separados por fronteras
rigurosas y tácitas, no expresas,

hay vendedores, puestos de fritangas,
alcahuetes, parásitos y parias:

el hueso, la bafea, el pringue, el podre . . .
Bajo un sol imparcial, ricos y pobres.

No los ama su Dios y ellos tampoco:
como a sí mismos odian a su prójimo.

III
Se suelta el viento y junta la arboleda,
la nación de las nubes se dispersa.

Es frágil lo real y es inconstante;
también, su ley el cambio, infatigable:

gira la rueda de las apariencias
sobre el eje del tiempo, su fijeza.

La luz dibuja todo y todo incendia,
clava en el mar puñales que son teas,

hace del mundo pira de reflejos:
nosotros sólo somos cabrilleos.

No es la luz de Plotino, es luz terrestre,
luz de aquí, pero es luz inteligente.

Ella me reconcilia con mi exilio:
patria es su vacuidad, errante asilo.

IV
Para esperar la noche me he tendido
a la sombra de un árbol de latidos.

El árbol es mujer y en su follaje
oigo rodar el mar bajo la tarde.

Nearby, separated by a boundary
strict and tacit, never expressed,

are the vendors, the stalls of frying stuff,
the pimps, the parasites and the pariahs:

bone, swill, grease, pus . . .
Under a neutral sun, the rich and the poor.

Their God does not love them, nor they themselves:
each does but hate his neighbor as himself.

III

The wind splits off and joins the grove,
the nation of clouds breaks up.

The real is fragile, and is inconstant:
its law is restless change:

the wheel of appearances turns and turns
over its fixed axis of time.

The light draws it all, and all is on fire,
it nails to the sea daggers that are torches,

it makes of the world a pyre of reflections:
we are only the whitecaps on the water.

It is not the light of Plotinus, it is earthly light,
the light of here, but intelligent light.

And it reconciles me with my exile:
its emptiness is home, a wandering asylum.

IV

To wait for night I have stretched out
in the shade of a tree of heartbeats.

The tree is a woman and in its leaves
I hear the sea rolling under the day.

Como sus frutos con sabor de tiempo,
frutos de olvido y de conocimiento.

Bajo el árbol se miran y se palpan
imágenes, ideas y palabras.

Por el cuerpo volvemos al comienzo,
espiral de quietud y movimiento.

Sabor, saber mortal, pausa finita,
tiene principio y fin—y es sin medida.

La noche entra y nos cubre su marea;
repite el mar sus sílabas, ya negras.

DÍSTICO Y VARIACIONES

Panteísta
La lengua y sus sagradas conjunciones:
riman constelaciones y escorpiones.

Cristiano
La lengua y sus perversas conjunciones:
riman constelaciones y escorpiones.

Escéptico
La lengua y sus absurdas conjunciones:
riman constelaciones y escorpiones.

Hermético
La lengua y sus arcanas conjunciones:
riman constelaciones y escorpiones.

Gnóstico
La lengua, abominables conjunciones:
riman constelaciones y escorpiones.

I eat its fruits with the taste of time,
fruits of forgetting and fruits of knowledge.

Under the tree they look and touch,
images, ideas and words.

We return through the body to the beginning,
spiral of stillness and motion.

Taste, mortal knowledge, finite pause,
has a beginning and end—and is measureless.

Night comes in and covers us with its tide;
the sea repeats its syllables, now black.

DISTICH AND VARIATIONS

Pantheist
Language and its sacred conjunctions:
constellations and crustaceans rhyme.

Christian
Language and its perverse conjunctions:
constellations and crustaceans rhyme.

Sceptic
Language and its absurd conjunctions:
constellations and crustaceans rhyme.

Hermeticist
Language and its arcane conjunctions:
constellations and crustaceans rhyme.

Gnostic
Language, abominable conjunctions:
constellations and crustaceans rhyme.

Dialéctico
La lengua, oposición y conjunciones:
riman constelaciones y escorpiones.
Etcétera

INSOMNE

Vigilia del espejo:
la luna lo acompaña.
Reflejo tras reflejo
urde tramas la araña.

Apenas parpadea
el pensamiento en vela:
no es fantasma ni idea
mi muerte centinela.

No estoy vivo ni muerto:
despierto estoy, despierto
en un ojo desierto.

ACERTIJO

Señor del vértigo,
                    el gavilán
solitario en la altura
traza un signo,
                    al punto
desvanecido en luz, en aire.
Obstinado, del alba al ocaso
lo repite.
            Dibuja, sin saberlo,
una pregunta:
                ¿poder es libertad,
libertad es destino?
                    Luz y aire.

Dialectician
Language, opposition and conjunctions:
constellations and crustaceans rhyme.
Etc.

INSOMNIAC

Nightwatch of the mirror:
the moon keeps it company.
Reflection on reflection,
the spider spins its plots.

Hardly ever blinking,
thoughts are on guard:
neither ghost nor concept,
my death is a sentry.

Not alive, not dead:
awake, I am awake
in the desert of an eye.

RIDDLE

Lord of vertigo,
                the hawk,
hermit of the heights,
traces a sign
                that instantly
vanishes into light, into air.
Stubbornly, from dawn to dusk
he repeats it.
                Unknowingly, he draws
a question:
                is power freedom?
is freedom fate?
                Light and air.

PRUEBA

La piel es azafrán al sol tostado,
son de gacela los sedientos ojos.

—Ese dios que la hizo, ¿cómo pudo
dejar que lo dejase? ¿Estaba ciego?

—No es hechura de ciego este prodigio:
es mujer y es sinuosa enredadera.

La doctrina del Buda así se prueba:
nada en este universo fue creado.

(Dharmakirti, siglo VII)

AL VUELO (2)

EN DEFENSA DE PIRRÓN
A Juliano (Antología Palatina, VII, 576)

Juliano, me curaste
de espantos, no de dudas.
Contra Pirrón dijiste:
No sabía el escéptico
si estaba vivo o muerto.
La muerte lo sabía.
Y tú, ¿cómo lo sabes?

EPITAFIO DE UN DANDY

En un cementerio de corbatas
incineración de un retrato.
Fuego fatuo.

CONSTELACIÓN DE VIRGO

Hipatía, si miro luces puras
allá arriba, morada de la Virgen,

PROOF

Her skin, saffron toasted in the sun,
eyes darting like a gazelle.

—That god who made her, how could he
have let her go? Was he blind?

—This wonder is not the result of blindness:
she is a woman, and a sinuous vine.

The Buddha's doctrine thus is proven:
nothing in this world was created.

(Dharmakirti, 7th Century)

ON THE WING (2)

IN DEFENSE OF PYRRHO
for Julian (Palatine Anthology VII, 576)

Julian, you've cured
my fears, but not my doubts.
Against Pyrrho you said:
The sceptic didn't know
if he was alive or dead.
But death knew.
And you—how do you know?

EPITAPH FOR A DANDY

In a cemetery of neckties
a portrait aflame.
Ignis fatuus.

THE CONSTELLATION OF VIRGO

Hypatia, if I look at the pure lights
there up above, the Virgin's mansion,

no palabras, estrellas deletreo:
tu discurso son cláusulas de fuego.

(Pálades, Antología Palatina, IX, 400)

PAISAJE ANTIGUO

Sol alto. Duerme el llano.
Nada se mueve.
Entre las rocas, Eco espía.

PROVERBIO

Lodo del charco quieto:
mañana polvo
bailando en el camino.

POR EL ARROYO

—¡Qué raro, qué lindo!
La esposa de alguno
en el agua obscura
lava sus pies blancos.

Entre nubarrones
relumbra la luna,
tan lejos, tan lejos
que nadie la alcanza.

—¡Qué lindo, qué raro!
De alguna el esposo
por el río obscuro
pasa en blanca barca.

Iba a preguntarle
que se le ofrecía
pero entre las nubes
se escondió la luna.

(Hsieh Ling-yün, 385–433)

I spell out, not words, but stars:
your discourse is clauses of fire.

> (Palladas, Palatine Anthology IX, 400)

ANCIENT LANDSCAPE

High sun. The plain sleeps.
Nothing moves.
Between the rocks, Echo spies.

PROVERB

Mud in a still puddle:
tomorrow dust
dancing in the streets.

BY THE STREAM

—How rare, how lovely!
Somebody's wife
washing her white feet
in the dark water.

Moon shines
among the clouds,
so far, so far,
no one can reach it.

—How lovely, how rare!
Somebody's husband goes by
in a white boat
on the dark stream.

I was going to ask him
what he proposed,
but the moon hid
behind the clouds.

> (Hsieh Ling-yün, 385–433)

VIENTO, AGUA, PIEDRA.
A Roger Caillois

El agua horada la piedra,
el viento dispersa el agua,
la piedra detiene al viento.
Agua, viento, piedra.

El viento esculpe la piedra,
la piedra es copa del agua,
el agua escapa y es viento.
Piedra, viento, agua.

El viento en sus giros canta,
el agua al andar murmura,
la piedra inmóvil se calla.
Viento, agua, piedra.

Uno es otro y es ninguno:
entre sus nombres vacíos
pasan y se desvanecen
agua, piedra, viento.

ESTE LADO
A Donald Sutherland

Hay luz. No la tocamos ni la vemos.
En sus vacías claridades
reposa lo que vemos y tocamos.
Yo veo con las yemas de mis dedos
lo que palpan mis ojos:
                      sombras, mundo.
Con las sombras dibujo mundos,
disipo mundos con las sombras.
Oigo latir la luz del otro lado.

WIND, WATER, STONE
for Roger Caillois

Water hollows stone,
wind scatters water,
stone stops the wind.
Water, wind, stone.

Wind carves stone,
stone's a cup of water,
water escapes and is wind.
Stone, wind, water.

Wind sings in its whirling,
water murmurs going by,
unmoving stone keeps still.
Wind, water, stone.

Each is another and no other:
crossing and vanishing
through their empty names:
water, stone, wind.

THIS SIDE
for Donald Sutherland

There is light. We neither see nor touch it.
In its empty clarities rests
what we touch and see.
I see with my fingertips
what my eyes touch:
                        shadows, the world.
With shadows I draw worlds,
I scatter worlds with shadows.
I hear the light beat on the other side.

INTERVALO

Arquitecturas instantáneas
sobre una pausa suspendidas,
apariciones no llamadas
ni pensadas, formas de viento,
insubstanciales como tiempo
y como tiempo disipadas.

Hechas de tiempo, no son tiempo;
son la hendedura, el intersticio,
el breve vértigo del *entre*
donde se abre la flor diáfana:
alta en el tallo de un reflejo
se desvanece mientras gira.

Nunca tocadas, claridades
con los ojos cerrados vistas:
el nacimiento transparente
y la caída cristalina
en este instante de este instante,
interminable todavía.

Tras la ventana: desoladas
azoteas y nubes rápidas.
El día se apaga, se enciende
la ciudad, próxima y remota.
Hora sin peso. Yo respiro
el instante vacío, eterno.

ENTRE IRSE Y QUEDARSE

Entre irse y quedarse duda el día,
enamorado de su transparencia.

La tarde circular es ya bahía:
en su quieto vaivén se mece el mundo.

INTERVAL

Instantaneous architectures
hanging over a pause,
apparitions neither named
nor thought, wind-forms,
insubstantial as time,
and, like time, dissolved.

Made of time, they are not time;
they are the cleft, the interstice,
the brief vertigo of *between*
where the diaphanous flower opens:
high on its stalk of a reflection
it vanishes as it turns.

Never touched, the clarities
seen with eyes closed:
the transparent birth
and the crystalline fall
in the instant of this instant
that forever is still here.

Outside the window, the desolate
rooftops and the hurrying clouds.
The day goes out, the city
lights up, remote and near.
Weightless hour. I breathe
the moment, empty and eternal.

BETWEEN GOING AND STAYING

Between going and staying the day wavers,
in love with its own transparency.

The circular afternoon is now a bay
where the world in stillness rocks.

Todo es visible y todo es elusivo,
todo está cerca y todo es intocable.

Los papeles, el libro, el vaso, el lápiz
reposan a la sombra de sus nombres.

Latir del tiempo que en mi sien repite
la misma terca sílaba de sangre.

La luz hace del muro indiferente
un espectral teatro de reflejos.

En el centro de un ojo me descubro;
no me mira, me miro en su mirada.

Se disipa el instante. Sin moverme,
yo me quedo y me voy: soy una pausa.

HERMANDAD
Homenaje a Claudio Ptolomeo

Soy hombre: duro poco
y es enorme la noche.
Pero miro hacia arriba:
las estrellas escriben.
Sin entender comprendo:
también soy escritura
y en este mismo instante
alguien me deletrea.

All is visible and all elusive,
all is near and can't be touched.

Paper, book, pencil, glass,
rest in the shade of their names.

Time throbbing in my temples repeats
the same unchanging syllable of blood.

The light turns the indifferent wall
into a ghostly theater of reflections.

I find myself in the middle of an eye,
watching myself in its blank stare.

The moment scatters. Motionless,
I stay and go: I am a pause.

BROTHERHOOD
Homage to Claudius Ptolemy

I am a man: little do I last
and the night is enormous.
But I look up:
the stars write.
Unknowing I understand:
I too am written,
and at this very moment
someone spells me out.

La mano abierta

HABLO DE LA CIUDAD

A Eliot Weinberger

novedad de hoy y ruina de pasado mañana, enterrada y resucitada cada día,

convivida en calles, plazas, autobuses, taxis, cines, teatros, bares, hoteles, palomares, catacumbas,

la ciudad enorme que cabe en un cuarto de tres metros cuadrados inacabable como una galaxia,

la ciudad que nos sueña a todos y que todos hacemos y deshacemos y rehacemos mientras soñamos,

la ciudad que todos soñamos y que cambia sin cesar mientras la soñamos,

la ciudad que despierta cada cien años y se mira en el espejo de una palabra y no se reconoce y otra vez se echa a dormir,

la ciudad que brota de los párpados de la mujer que duerme a mi lado y se convierte,

con sus monumentos y sus estatuas, sus historias y sus leyendas,

en un manantial hecho de muchos ojos y cada ojo refleja el mismo paisaje detenido,

antes de las escuelas y las prisiones, los alfabetos y los números, el altar y la ley:

el río que es cuatro ríos, el huerto, el árbol, la Varona y el Varón vestidos de viento

—volver, volver, ser otra vez arcilla, bañarse en esa luz, dormir bajo esas luminarias,

flotar sobre las aguas del tiempo como la hoja llameante del arce que arrastra la corriente,

volver, ¿estamos dormidos o despiertos?, estamos, nada más estamos, amanece, es temprano,

estamos en la ciudad, no podemos salir de ella sin caer en otra, idéntica aunque sea distinta,

hablo de la ciudad inmensa, realidad diaria hecha de dos palabras: *los otros,*

y en cada uno de ellos hay un yo cercenado de un nosotros, un yo a la deriva,

The open hand

I SPEAK OF THE CITY
for Eliot Weinberger

news today and tomorrow a ruin, buried and resurrected every day,

lived together in streets, plazas, buses, taxis, movie houses, theaters, bars, hotels, pigeon coops and catacombs,

the enormous city that fits in a room three yards square, and endless as a galaxy,

the city that dreams us all, that all of us build and unbuild and rebuild as we dream,

the city we all dream, that restlessly changes while we dream it,

the city that wakes every hundred years and looks at itself in the mirror of a word and doesn't recognize itself and goes back to sleep,

the city that sprouts from the eyelids of the woman who sleeps at my side, and is transformed,

with its monuments and statues, its histories and legends,

into a fountain made of countless eyes, and each eye reflects the same landscape, frozen in time,

before schools and prisons, alphabets and numbers, the altar and the law:

the river that is four rivers, the orchard, the tree, the Female and Male, dressed in wind—

to go back, go back, to be clay again, to bathe in that light, to sleep under those votive lights,

to float on the waters of time like the flaming maple leaf the current drags along,

to go back—are we asleep or awake?—we are, we are nothing more, day breaks, it's early,

we are in the city, we cannot leave except to fall into another city, different yet identical,

I speak of the immense city, that daily reality composed of two words: *the others,*

and in every one of them there is an I clipped from a we, an I adrift,

31

hablo de la ciudad construída por los muertos, habitada por sus tercos fantasmas, regida por su despótica memoria,

la ciudad con la que hablo cuando no hablo con nadie y que ahora me dicta estas palabras insomnes,

hablo de las torres, los puentes, los subterráneos, los hangares, maravillas y desastres,

el Estado abstracto y sus policías concretos, sus pedagogos, sus carceleros, sus predicadores,

las tiendas en donde hay de todo y gastamos todo y todo se vuelve humo,

los mercados y sus pirámides de frutos, rotación de las cuatro estaciones, las reses en canal colgando de los garfios, las colinas de especias y las torres de frascos y conservas,

todos los sabores y los colores, todos los olores y todas las materias, la marea de las voces—agua, metal, madera, barro-, el trajín, el regateo y el trapicheo desde el comienzo de los días,

hablo de los edificios de cantería y de mármol, de cemento, vidrio, hierro, del gentío en los vestíbulos y portales, de los elevadores que suben y bajan como el mercurio en los termómetros,

de los bancos y sus consejos de administración, de las fábricas y sus gerentes, de los obreros y sus máquinas incestuosas,

hablo del desfile inmemorial de la prostitución por calles largas como el deseo y como el aburrimiento,

del ir y venir de los autos, espejo de nuestros afanes, quehaceres y pasiones (¿por qué, para qué, hacia dónde?),

de los hospitales siempre repletos y en los que siempre morimos solos,

hablo de la penumbra de ciertas iglesias y de las llamas titubeantes de los cirios en los altares,

tímidas lenguas con las que los desamparados hablan con los santos y con las vírgenes en un lenguaje ardiente y entrecortado,

hablo de la cena bajo la luz tuerta en la mesa coja y los platos desportillados,

de las tribus inocentes que acampan en los baldíos con sus mujeres y sus hijos, sus animales y sus espectros,

de las ratas en el albañal y de los gorriones valientes que anidan en los alambres, en las cornisas y en los árboles martirizados,

de los gatos contemplativos y de sus novelas libertinas a la luz de la luna, diosa cruel de las azoteas,

de los perros errabundos, que son nuestros franciscanos y nuestros *bhikkus*, los perros que desentierran los huesos del sol,

I speak of the city built by the dead, inhabited by their stern ghosts, ruled by their despotic memory,

the city I talk to when I talk to nobody, the city that dictates these insomniac words,

I speak of towers, bridges, tunnels, hangars, wonders and disasters,

the abstract State and its concrete police, the schoolteachers, jailers, preachers,

the shops that have everything, where we spend everything, and it all turns to smoke,

the markets with their pyramids of fruit, the turn of the seasons, the sides of beef hanging from the hooks, the hills of spices and the towers of bottles and preserves,

all of the flavors and colors, all the smells and all the stuff, the tide of voices—water, metal, wood, clay—the bustle, the haggling and conniving as old as time,

I speak of the buildings of stone and marble, of cement, glass and steel, of the people in the lobbies and doorways, of the elevators that rise and fall like the mercury in thermometers,

of the banks and their boards of directors, of factories and their managers, of the workers and their incestuous machines,

I speak of the timeless parade of prostitution through streets long as desire and boredom,

of the coming and going of cars, mirrors of our anxieties, business, passions (why? toward what? for what?),

of the hospitals that are always full, and where we always die alone,

I speak of the half-light of certain churches and the flickering candles at the altars,

the timid voices with which the desolate talk to saints and virgins in a passionate, failing language,

I speak of dinner under a squinting light at a limping table with chipped plates,

of the innocent tribes that camp in the empty lots with their women and children, their animals and their ghosts,

of the rats in the sewers and the brave sparrows that nest in the wires, in the cornices and the martyred trees,

of the contemplative cats and their libertine novels in the light of the moon, cruel goddess of the rooftops,

of the stray dogs that are our Franciscans and *bhikkus,* the dogs that scratch up the bones of the sun,

hablo del anacoreta y de la fraternidad de los libertarios, de la conjura de los justicieros y de la banda de los ladrones,

de la conspiración de los iguales y de la Sociedad de Amigos del Crimen, del Club de los Suicidas y de Jack el Destripador,

del Amigo de los Hombres, afilador de la guillotina, y de César, Delicia del Género Humano,

hablo del barrio paralítico, el muro llagado, la fuente seca, la estatua pintarrajeada,

hablo de los basureros del tamaño de una montaña y del sol taciturno que se filtra en el *polumo*,

de los vidrios rotos y del desierto de chatarra, del crimen de anoche y del banquete del inmortal Trimalción,

de la luna entre las antenas de la televisión y de una mariposa sobre un bote de inmundicias,

hablo de madrugadas como vuelo de garzas en la laguna y del sol de alas transparentes que se posa en los follajes de piedra de las iglesias y del gorjeo de la luz en los tallos de vidrio de los palacios,

hablo de algunos atardeceres al comienzo del otoño, cascadas de oro incorpóreo, transfiguración de este mundo, todo pierde cuerpo, todo se queda suspenso,

la luz piensa y cada uno de nosotros se siente pensado por esa luz reflexiva, durante un largo instante el tiempo se disipa, somos aire otra vez,

hablo del verano y de la noche pausada que crece en el horizonte como un monte de humo que poco a poco se desmorona y cae sobre nosotros como una ola,

reconciliación de los elementos, la noche se ha tendido y su cuerpo es un río poderoso de pronto dormido, nos mecemos en el oleaje de su respiración, la hora es palpable, la podemos tocar como un fruto,

han encendido las luces, arden las avenidas con el fulgor del deseo, en los parques la luz eléctrica atraviesa los follajes y cae sobre nosotros una llovizna verde y fosforescente que nos ilumina sin mojarnos, los árboles murmuran, nos dicen algo,

hay calles en penumbra que son una insinuación sonriente, no sabemos adonde van, tal vez al embarcadero de las islas perdidas,

hablo de las estrellas sobre las altas terrazas y de las frases indescifrables que escriben en la piedra del cielo,

hablo del chubasco rápido que azota los vidrios y humilla las arboledas, duró veinticinco minutos y ahora allá arriba hay agujeros azules y chorros de luz, el vapor sube del asfalto, los coches relucen, hay charcos donde navegan barcos de reflejos,

I speak of the anchorite and the libertarian brotherhood, of the secret plots of law enforcers and of bands of thieves,

of the conspiracies of levelers and the Society of Friends of Crime, of the Suicide Club, and of Jack the Ripper,

of the Friend of the People, sharpener of the guillotine, of Caesar, Delight of Humankind,

I speak of the paralytic slum, the cracked wall, the dry fountain, the graffitied statue,

I speak of garbage heaps the size of mountains, and of melancholy sunlight filtered by the smog,

of broken glass and the desert of scrap iron, of last night's crime, and of the banquet of the immortal Trimalchio,

of the moon in the television antennas, and a butterfly on a filthy jar,

I speak of dawns like a flight of herons on the lake, and the sun of transparent wings that lands on the rock foliage of the churches, and the twittering of light on the glass stalks of the palaces,

I speak of certain afternoons in early fall, waterfalls of immaterial gold, the transformation of this world, when everything loses its body, everything is held in suspense,

and the light thinks, and each one of us feels himself thought by that reflective light, and for one long moment time dissolves, we are air once more,

I speak of the summer, of the slow night that grows on the horizon like a mountain of smoke, and bit by bit it crumbles, falling over us like a wave,

the elements are reconciled, night has stretched out, and its body is a powerful river of sudden sleep, we rock in the waves of its breathing, the hour is tangible, we can touch it like a fruit,

they have lit the lights, and the avenues burn with the brilliancy of desire, in the parks electric light breaks through the branches and falls over us like a green and phosphorescent mist that illuminates but does not wet us, the trees murmur, they tell us something,

there are streets in the half-light that are a smiling insinuation, we don't know where they lead, perhaps to the ferry for the lost islands,

I speak of the stars over the high terraces and the indecipherable sentences they write on the stone of the sky,

I speak of the sudden downpour that lashes the windowpanes and bends the trees, that lasted twenty-five minutes and now, up above, there are blue slits and streams of light, steam rises from the asphalt, the cars glisten, there are puddles where ships of reflections sail,

hablo de nubes nómadas y de una música delgada que ilumina una
habitación en un quinto piso y de un rumor de risas en mitad de la noche
como agua remota que fluye entre raíces y yerbas,

hablo del encuentro esperado con esa forma inesperada en la que
encarna lo desconocido y se manifiesta a cada uno:

ojos que son la noche que se entreabre y el día que despierta, el mar
que se tiende y la llama que habla, pechos valientes: marea lunar,

labios que dicen *sésamo* y el tiempo se abre y el pequeño cuarto se
vuelve jardín de metamorfosis y el aire y el fuego se enlazan, la tierra y
el agua se confunden,

o es el advenimiento del instante en que allá, en aquel otro lado que es
aquí mismo, la llave se cierra y el tiempo cesa de manar:

instante del *hasta aquí*, fin del hipo, del quejido y del ansia, el alma
pierde cuerpo y se desploma por un agujero del piso, cae en sí misma, el
tiempo se ha desfondado, caminamos por un corredor sin fin, jadeamos
en un arenal,

¿esa música se aleja o se acerca, esas luces pálidas se encienden o
apagan?, canta el espacio, el tiempo se disipa: es el boqueo, es la mirada
que resbala por la lisa pared, es la pared que se calla, la pared,

hablo de nuestra historia pública y de nuestra historia secreta, la tuya
y la mía,

hablo de la selva de piedra, el desierto del profeta, el hormiguero de
almas, la congregación de tribus, la casa de los espejos, el laberinto de
ecos,

hablo del gran rumor que viene del fondo de los tiempos, murmullo
incoherente de naciones que se juntan o dispersan, rodar de multitudes
y sus armas como peñascos que se despeñan, sordo sonar de huesos
cayendo en el hoyo de la historia,

hablo de la ciudad, pastora de siglos, madre que nos engendra y nos
devora, nos inventa y nos olvida.

ESTO Y ESTO Y ESTO

El surrealismo ha sido la manzana de fuego en el árbol de la sintaxis

El surrealismo ha sido la camelia de ceniza entre los pechos de la
adolescente poseída por el espectro de Orestes

El surrealismo ha sido el plato de lentejas que la mirada del hijo
pródigo transforma en festín humeante de rey caníbal

I speak of nomadic clouds, and of a thin music that lights a room on the fifth floor, and a murmur of laughter in the middle of the night like water that flows far-off through roots and grasses,

I speak of the longed-for encounter with that unexpected form with which the unknown is made flesh, and revealed to each of us:

eyes that are the night half-open and the day that wakes, the sea stretching out and the flame that speaks, powerful breasts: lunar tide,

lips that say *sesame,* and time opens, and the little room becomes a garden of change, air and fire entwine, earth and water mingle,

or the arrival of that moment there, on the other side that is really here, where the key locks and time ceases to flow:

the moment of *until now,* the last of the gasps, the moaning, the anguish, the soul loses its body and crashes through a hole in the floor, falling in itself, and time has run aground, and we walk through an endless corridor, panting in the sand,

is that music coming closer or receding, are those pale lights just lit or going out? space is singing, time has vanished: it is the gasp, it is the glance that slips through the blank wall, it is the wall that stays silent, the wall,

I speak of our public history, and of our secret history, yours and mine,

I speak of the forest of stone, the desert of the prophets, the ant-heap of souls, the congregation of tribes, the house of mirrors, the labyrinth of echoes,

I speak of the great murmur that comes from the depths of time, the incoherent whisper of nations uniting or splitting apart, the wheeling of multitudes and their weapons like boulders hurling down, the dull sound of bones falling into the pit of history,

I speak of the city, shepherd of the centuries, mother that gives birth to us and devours us, that creates us and forgets.

THIS AND THIS AND THIS

Surrealism has been the apple of fire on the tree of syntax

Surrealism has been the camellia of ash between the breasts of the girl possessed by the ghost of Orestes

Surrealism has been the dish of lentils that the glance of the prodigal son transforms into the smoking feast of the cannibal king

El surrealismo ha sido el bálsamo de Fierabrás que borra las señas del pecado original en el ombligo del lenguaje

El surrealismo ha sido el escupitajo en la hostia y el clavel de dinamita en el confesionario y el sésamo ábrete de las cajas de seguridad y de las rejas de los manicomios

El surrealismo ha sido la llama ebria que guía los pasos del sonámbulo que camina de puntillas sobre el filo de sombra que traza la hoja de la guillotina en el cuello de los ajusticiados

El surrealismo ha sido el clavo ardiente en la frente del geómetra y el viento fuerte que a media noche levanta las sábanas de las vírgenes

El surrealismo ha sido el pan salvaje que paraliza el vientre de la Compañía de Jesús hasta que la obliga a vomitar todos sus gatos y sus diablos encerrados

El surrealismo ha sido el puñado de sal que disuelve los tlaconetes del realismo socialista

El surrealismo ha sido la corona de cartón del crítico sin cabeza y la víbora que se desliza entre las piernas de la mujer del crítico

El surrealismo ha sido la lepra del Occidente cristiano y el látigo de nueve cuerdas que dibuja el camino de salida hacia otras tierras otras lenguas y otras almas sobre las espaldas del nacionalismo embrutecido y embrutecedor

El surrealismo ha sido el discurso del niño enterrado en cada hombre y la aspersión de sílabas de leche de leonas sobre los huesos calcinados de Giordano Bruno

El surrealismo ha sido las botas de siete leguas de los escapados de las prisiones de la razón dialéctica y el hacha de Pulgarcito que corta los nudos de la enredadera venenosa que cubre los muros de las revoluciones petrificadas del siglo XX

El surrealismo ha sido esto y esto y esto

1930: VISTAS FIJAS

¿Qué o quien me guiaba? No buscaba nada ni a nadie, buscaba todo y a todos:

vegetación de cúpulas azules y campanarios blancos, muros color de sangre seca, arquitecturas:

festín de formas, danza petrificada bajo las nubes que se hacen y se deshacen y no acaban de hacerse, siempre en tránsito hacia su forma venidera,

Surrealism has been the balm for Fierabras that erases the signs of original sin in the navel of language

Surrealism has been the spit on the host and the carnation of dynamite in the confessional and the open sesame to the bank vaults and the iron bars of asylums

Surrealism has been the drunken flame that guides the steps of the sleepwalker who tiptoes along the edge of the shadow that the blade of the guillotine casts on the neck of the condemned

Surrealism has been the burning nail in the geometer's forehead and the gust of wind at midnight that lifts the sheets from virgins

Surrealism has been the savage bread that cramps the belly of the Society of Jesus until it must vomit all the cats and devils it has inside

Surrealism has been the fistful of salt that eats away the slugs of social realism

Surrealism has been the cardboard crown on the headless critic and the viper that slips between the legs of the critic's wife

Surrealism has been the leprosy of the Christian West and the whip of nine cords that sketches the way out toward other lands other languages and other souls across the backs of brutish and brutalizing nationalism

Surrealism has been the speech of the child buried in every man and the sprinkling of syllables of milk on the charred bones of Giordano Bruno

Surrealism has been the seven-league boots of those who escaped from the prisons of dialectical reason and Tom Thumb's hatchet that chops through the knots of the poisonous vines that cover the walls of the petrified revolutions of the Twentieth Century

Surrealism has been this and this and this

1930: SCENIC VIEWS

Who or what guided me? I was not searching for anything or anyone, I was searching for everything, searching for everyone:

the vegetation of blue cupolas and the white belltowers, walls the color of dried blood, architectures:

a banquet of forms, a petrified dance under the clouds that make and unmake and never stop making themselves, always in transit toward their future forms,

piedras ocres tatuadas por un astro colérico, piedras lavadas por el
agua de la luna;

los parques y las plazuelas, las graves poblaciones de álamos cantantes
y lacónicos olmos, niños gorriones y cenzontles,

los corros de ancianos, ahuehuetes cuchicheantes, y los otros, apeñus-
cados en los bancos, costales de huesos, tiritando bajo el gran sol del
altiplano, patena incandescente;

calles que no se acaban nunca, calles caminadas como se lee un libro
o se recorre un cuerpo;

patios mínimos, con madreselvas y geranios generosos colgando de los
barandales, ropa tendida, fantasma inocuo que el viento echa a volar
entre las verdes interjecciones del loro de ojo sulfúreo y, de pronto, un
delgado chorro de luz: el canto del canario;

los figones celeste y las cantinas solferino, el olor del aserrín sobre el
piso de ladrillo, el mostrador espejeante, equívoco altar en donde genios
de insidiosos poderes duermen encerrados en botellas multicolores;

la carpa, el ventrílocuo y sus muñecos procaces, la bailarina anémica,
la tiple jamona, el galán carrasposo;

la feria y los puestos de fritangas donde hierofantas de ojos canela
celebran, entre brasas y sahumerios, las nupcias de las substancias y la
transfiguración de los olores y los sabores mientras destazan carnes,
espolvorean sal y queso cándido sobre nopales verdeantes, asperjan
lechugas donadoras del sueño sosegado, muelen maíz solar, bendicen
manojos de chiles tornasoles;

las frutas y los dulces, montones dorados de mandarinas y tejocotes,
plátanos aúreos, tunas sangrientas, ocres colinas de nueces y cacahuates,
volcanes de azúcar, torreones de alegrías, pirámides transparentes de
biznagas, cocadas, diminuta orografía de las dulzuras terrestres, el cam-
pamento militar de las cañas, las jícamas blancas arrebujadas en túnicas
color de tierra, las limas y los limones: frescura súbita de risas de
mujeres que se bañan en un río verde;

las guirnaldas de papel y las banderitas tricolores, arcoiris de jugue-
tería, las estampas de la Guadalupe y las de los santos, los mártires, los
héroes, los campeones, las estrellas;

el enorme cartel del próximo estreno y la ancha sonrisa, bahía extática,
de la actriz en cueros y redonda como la luna que rueda por las azoteas,
se desliza entre las sábanas y enciende las visiones rijosas;

las tropillas y vacadas de adolescentes, palomas y cuervos, las tribus
dominicales, los naúfragos solitarios y los viejos y viejas, ramas desga-
jadas del árbol del siglo;

ocher stones tattooed by an angry star, stones washed by the water of the moon;

the parks and the plazas, the somber populations of singing poplars and laconic elms, the sparrow and mockingbird boys,

the ring of elders, *ahuehuete* trees whispering, and the others, pressed together on the benches, the sacks of bones, shivering under the high plains sun, that incandescent paten;

streets that never ended, streets walked as one reads a book or travels over a body;

the tiny patios, thick with honeysuckle and geraniums that hang from the railings, the clothes on the line, innocuous ghosts the wind sets flying between the green interjections of the parrot with a sulfurous eye, and suddenly, a slender stream of light: a canary singing;

the azure of the lunch-stops and the solferino of the cantinas, the smell of sawdust on the brick floor, the mirrored bar, ambiguous altar where genies with insidious powers sleep captive in the multicolored bottles;

the traveling tent-shows, the ventriloquist and his impudent dummies, the anemic ballerina, the buxom soprano, the hoarse leading man;

the fair and its stalls of frying foods where, amidst the coals and the aromatic smoke, the hierophants with cinammon eyes celebrate the marriage of substances and the transformation of smells and flavors while they slice up the meat, sprinkle salt and snowflakes of cheese over bright-green nopals, shred lettuce, bearer of tranquil sleep, grind the solar corn, and consecrate bunches of iridescent chilies;

the fruits and the sweets, gilded mountains of mandarins and sloes, the golden bananas, blood-colored prickly pears, ocher hills of walnuts and peanuts, volcanoes of sugar, towers of amaranth seed cakes, transparent pyramids of *biznagas*, nougats, the tiny orography of earthly sweetness, the fortress of sugarcane, the white *jicamas* huddled together in tunics the color of earth, the limes and the lemons: the sudden freshness of the laughter of women bathing in a green river;

the paper wreaths and the tricolored banners, the toyshop rainbow, the prints of Guadalupe and the saints, martyrs, heroes, champions and stars;

the enormous poster for the coming attraction, and the wide smile, that ecstatic bay, of the naked actress, plump as the moon wheeling over the rooftops, who slips between the sheets and incites restless visions;

the separate herds of boys and girls, colts and calves, doves and crows, the dominical tribes, the solitary shipwreck survivors, and the old men and women, branches lopped from the tree of the century;

la musiquita rechinante de los caballitos, la musiquita que da vueltas y vueltas en el cráneo como un verso incompleto en busca de una rima;

y al cruzar la calle, sin razón, porque sí, como un golpe de mar o el ondear súbito de un campo de maíz, como el sol que rompe entre nubarrones: la alegría, el surtidor de la dicha instantánea, ¡ah, estar vivo, desgranar la granada de esta hora y comerla grano a grano!

el atardecer como una barca que se aleja y no acaba de perderse en el horizonte indeciso;

la luz anclada en el atrio del templo y el lento oleaje de la hora vencida puliendo cada piedra, cada arista, cada pensamiento hasta que todo no es sino una transparencia insensiblemente disipada;

la vieja cicatriz que, sin aviso, se abre, la gota que taladra, el surco quemado que deja el tiempo en la memoria, el tiempo sin cara: presentimiento de vómito y caída, el tiempo que se ha ido y regresa, el tiempo que nunca se ha ido y está aquí desde el principio, el par de ojos agazapados en un rincón del ser: la seña de nacimiento;

el rápido desplome de la noche que borra las caras y las casas, la tinta negra de donde salen las trompas y los colmillos, el tentáculo y el dardo, la ventosa y la lanceta, el rosario de las cacofonías;

la noche poblada de cuchicheos y allá lejos un rumor de voces de mujeres, vagos follajes movidos por el viento;

la luz brusca de los faros del auto sobre la pared afrentada, la luz navajazo, la luz escupitajo, la reliquia escupida;

el rostro terrible de la vieja al cerrar la ventana santiguándose, el ladrido del alma en pena del perro en el callejón como una herida que se encona;

las parejas en las bancas de los parques o de pie en los repliegues de los quicios, los cuatro brazos anudados, árboles incandescentes sobre los que reposa la noche,

las parejas, bosques de febriles columnas envueltas por la respiración del animal deseante de mil ojos y mil manos y una sola imagen clavada en la frente,

las quietas parejas que avanzan sin moverse con los ojos cerrados y caen interminablemente en sí mismas;

el vértigo inmóvil del adolescente desenterrado que rompe por mi frente mientras escribo

y camina de nuevo, multisolo en su soledumbre, por calles y plazas desmoronadas apenas las digo

y se pierde de nuevo en busca de todo y de todos, de nada y de nadie

the grating tune of the merry-go-round, the tune that turns and turns in the skull like an unfinished line in search of a rhyme;

and crossing the street for no particular reason, because it is, like a surge of the sea or the sudden ripple in a field of corn, like a sun breaking through a thick layer of cloud: happiness, fountain of instantaneous joy—to be alive, to crack open the pomegranate of the hour and eat it seed by seed!

the late afternoon like a boat that drifts off, losing itself in the blurred horizon;

the light anchored on the steps of the temple and the slow wave of the conquered hour that polishes each stone, each arista, each thought until everything is nothing but transparency imperceptibly scattered;

the old scar that, without warning, opens, the drop that drills away a hole, the burnt furrow time leaves in memory, faceless time: a presentiment of falling and vomit, time that has gone off and now returns, time that has never left, that has been here since the beginning, the pair of eyes that crouches in a corner of being: the mark from birth;

the sudden collapse of the night that erases the houses and faces, the black ink where the horns and tusks, the tentacle and the stinger, the sucker and the spine, the rosary of cacophanies all come out;

the night full of whispers, and there, far-off, a murmur of women's voices, restless leaves shaken by the wind;

the harsh headlights on the violated wall, the knife-light, the spittle light, the spat-upon relic;

the terrifying face of the old woman who closes the window crossing herself, the howling like a grieving soul of the dog in the alley like a festering wound;

the couples on the benches in the parks or standing in the nooks of doorways, the four knotted arms, glowing trees on which the night rests,

the couples, forests of feverish columns, wrapped in the breath of animal desire, with a thousand eyes and a thousand hands and one single image nailed in their heads,

the quiet couples that walk without moving with eyes closed, falling endlessly into themselves;

the motionless vertigo of the disinterred adolescent who breaks through my forehead as I write

and walks again, alone together in the solitude of the crowd, through streets and plazas that crumble as soon as I say them

and is lost again in search of everything and everyone, nothing and no one

AUNQUE ES DE NOCHE

I

La noche, a un tiempo sólida y vacía,
vasta demolición que se acumula
y sobre la erosión en que se anula
se edifica: la noche, lejanía
que se nos echa encima, epifanía
al revés. Ciego, el ojo capitula
y se interna hacia dentro, hacia otra nula
noche mental. Acidia, no agonía.

Afuera, perforada de motores
y de faros, la sombra pesa menos
que este puño de sílabas, Azores
que suscito en la página. Los frenos
de un auto. La ciudad, rota en mi frente,
despeña su discurso incoherente.

II

Mientras yo leo en México, ¿qué hora
es en Moscú? Ya es tarde, siempre es tarde,
siempre en la historia es noche y es deshora.
Solyenitzin escribe, el papel arde,
avanza su escritura, cruel aurora
sobre llanos de huesos.

                              Fui cobarde,
no vi de frente al mal y hoy corrobora
al filósofo el siglo:

                       ¿El mal? Un par de
ojos sin cara, un repleto vacío.

El mal: un alguien nadie, un algo nada.

¿Stalin tuvo cara? La sospecha
le comió cara y alma y albedrío.

Pobló el miedo su noche desalmada,
su insomnio despobló Rusia deshecha.

ALTHOUGH IT IS NIGHT

I

The night, at once both solid and empty,
that vast demolition heaping up,
building itself on top of erosions
that wear it away: the night, distance
cast above us, epiphany inverted.
Blind, the eye declares defeat, withdrawing
inward, another barren night of the mind.
Sloth, and not the pains of death.

Outside, drilled by headlights and motors,
the darkness weighs less than this fistful
of syllables, Azores I rouse up on the page.
Brakes slam. The city, breaking over my head,
hurls down its babbling speech.

II

While I am reading in Mexico City,
what time is it now in Moscow?
It's late, it's always late,
in history it is always night,
always the wrong time.
                        Solzhenitsyn writes,
the paper is burning, his writing goes on,
a cruel dawn on a plain of bones.

I was a coward, I did not face evil,
and now the century confirms the philosopher:
Evil? A pair of eyes with no face,
an abundant void.
                        Evil:
a nobody somebody, a nothing something.

Did Stalin have a face?
                        Suspicion
ate his face and soul and will.
Fear populated his soulless night,
his insomnia decimated Russia.

III

El partido siempre tiene razón
León Trotski

Alma no tuvo Stalin: tuvo historia.
Deshabitado Mariscal sin cara,
servidor de la nada. Se enmascara
el mal: la larva es César ya. Victoria
de un fantasma: designa su memoria
una oquedad. La nada es gran avara
de nadies. ¿Y los otros? Se descara
el mal: la misma irreal combinatoria
baraja a todos. Circular la pena,
la culpa circular: desdevanado
el carrete, la historia los despena.
Discurso en un cuchillo congelado:

Dialéctica, sangriento solipsismo
que inventó el enemigo de sí mismo.

IV

Donde con voz de cañas en el viento
hablaban acopladas agua y llama
hoy urde el doctrinario su amalgama.
La impostura se erige monumento.

Cháchara y vacuidad. El pensamiento
borra, dibuja y borra un ideograma:
el mal enamorado de su trama.
Estatua, con mordaza, del lamento.

Todo lo que pensamos se deshace,
en los Campos encarna la utopía,
la historia es espiral sin desenlace.

No hay sentido: hay piedad, hay ironía,
hay el pronombre que se transfigura:
yo soy tu yo, verdad de la escritura.

III

The party is always right
Leon Trotsky

Stalin had no soul:
                    he had history.
Uninhabited Marshal without a face,
servant of nothing. Evil enmasked:
the maggot becomes Caesar. A ghost's
triumph: his memorial marks a pit.
Nothingness is the great hoarder of nobodies.
And as for the others: evil takes away their faces
in the same unreal game that shuffles us all.
Circular suffering, circular guilt: the spool
unwound, history relieves their pain
by killing them off. Discourse in a frozen knife:

Dialectic, the bloody solipsism
that invented the enemy from itself.

IV

Where with a voice of reeds in the wind
water and fire coupled once spoke,
the doctrinarian now concocts his amalgam,
and fraud erects its monument.

Emptiness and idle chat. Thought erases,
draws and erases an ideogram:
evil in love with its own plots.
A muzzled statue of lamentation.

All that we dreamt comes undone,
Utopia comes to earth in the Camps,
history is a spiral that never ends.

There is no meaning: there's irony
and pity, and the pronoun transformed:
I am your I, the truth of writing.

FUEGOS LÚDRICOS
A un juglar

Hicieron fuego ludiendo dos palos secos el uno contra el otro
Cervantes (*Persiles*)

Como juega el tiempo con nosotros
al borde del gran hoyo,
al filo de la noche
lude dos, tres, cuatro, seis
¡palabras!
y las echa a volar en ese lado de allá.
Soles, lunas, planetas,
giran, brillan, cantan,
desaparecen
como este mundo en el otro.
Han de volver,
esta noche o la otra,
música
dormida en el caracol de la memoria.

BRINDIS
A Fernando Ferreira de Loanda

En San Juan de los Lagos
me encontré un sombrero rojo;
lo escondí en el mar,
lo enterré en el monte,
lo guardé en mi frente.
Hoy brota en esta mesa,
chorro de palabras
y el mantel se cubre
de miradas.

LA CASA GIRATORIA
A Ivar y Astrid

Hay una casa de madera
en la llanura de Oklahoma.

FIRE BY FRICTION
for a juggler

They made fire by rubbing two dry sticks, one against the other
Cervantes (*Persiles*)

As time plays with us
at the edge of the great pit,
on the fringe of night
rub two, three, four, six,
                    words!
and let them fly off on that other side.
Suns, moons, planets,
whirl, shine, sing,
                    disappear
like this world into the other.
                    They will return,
this night or another,
                    music
asleep in the shell of memory.

TOAST
for Fernando Ferreira de Loanda

In San Juan de los Lagos
I found a red hat;
I lost it in the sea,
I buried it in the mountain,
I kept it on my head.
Today at this table
a stream of words bursts
and the tablecloth's
covered with glances.

THE REVOLVING HOUSE
for Ivar and Astrid

There is a wooden house
on the plains in Oklahoma.

Cada noche la casa se vuelve
una isla del mar Báltico,
piedra caída del cielo de la fábula.
Pulida por las miradas de Astrid,
encendida por la voz de Ivar,
la piedra gira lentamente en la sombra:
es un girasol y arde.
                    Un gato,
oriundo de Saturno,
atraviesa la pared y desaparece
entre las páginas de un libro.
La hierba se ha vuelto noche,
la noche se ha vuelto arena,
la arena se ha vuelto agua.
                       Entonces
Ivar y Astrid levantan arquitecturas
—cubos de ecos, formas sin peso—
que a veces se llaman poemas,
otras dibujos, otras conversaciones
con amigos de Málaga, México
y otros planetas.
                  Esas formas
caminan y no tienen pies,
miran y no tienen ojos,
hablan y no tienen boca.
                   El girasol
gira y no se mueve,
                 la isla
se enciende y se apaga,
               la piedra
florece,
       la noche se cierra,
el cielo se abre.
           El alba
moja los párpados del llano.

IMPRÓLOGO

Me han pedido un prólogo.
Corto, me dijeron, pocas palabras

Each night the house becomes
an island in the Baltic Sea,
stone fallen from the sky of fables.
Polished by Astrid's glances,
lit by Ivar's voice,
the stone turns slowly in the shadows:
it is a sunflower, and it burns.
                              A cat,
a native of Saturn,
crosses the wall and vanishes
in the pages of a book.
Grass turns to night,
night turns to sand,
sand turns to water.
                    Then
Ivar and Astrid raise architectures
—cubes of echoes, weightless forms—
some they call poems,
others drawings, others conversations
with friends from Málaga, Mexico,
and other planets.
                    These forms
walk and have no feet,
they see and have no eyes,
they speak and have no mouth.
                        The sunflower
turns and doesn't move,
                    the island
lights up and goes out,
                    the stone
flowers,
        night shuts,
the sky opens.
                Dawn
dampens the eyelids of the plain.

IMPREFACE

They have asked me for a preface.
Short, they said, only a few words,

pero que abran lejanías.
Una perspectiva más que una escenografía.
Al fondo, entre las contumaces confusiones
—breñas conceptuales, paradojas, espinas—
al pie de un farallón tatuado
por la paciencia de las estaciones:
Vasko Popa,
            cazador de reflejos errantes.

Me siento y comienzo mi prosa
una, dos, tres, cuatro, cien veces.
Entre mi cabeza y la pluma,
entre la pluma y esta página,
se interpone siempre la misma escena:
un atardecer de piel translúcida
y bajo el farallón que rompe el viento:
Vasko.
          El sol poniente baila
sobre la mira de su infalible escopeta.
No hay nadie a la vista
pero Vasko empuña el arma y dispara.
Cada disparo inventa un blanco,
ideas que, apenas tocadas,
vuelan como exclamaciones.

Anoto para mi prólogo:
la escopeta de Vasko no mata,
es dadora de imágenes.
Mientras escribo estas palabras
un humo acre cubre mi escritura.
Hay una danza de chispas entre las letras,
una fuga de vocales en fuego,
un confuso rumor de consonantes
corriendo sobre cenizas calcinadas,
¡arde el extremo norte de la página!

Me repliego hacia el sur.
Pero allá, en los márgenes blancos,
llueve, interminablemente llueve.
Cielo hidrópico, truenos y puñetazos.

but ones that will open vistas.
A perspective more than a whole scenography.
In the distance, among the stubborn confusions
—conceptual brambles, paradoxes, thorns—
at the foot of a cliff tattooed
by the patience of the seasons:
Vasko Popa,
              hunter of wandering reflections.

I begin to write my piece of prose
one, two, three, four, a hundred times.
Between my head and the pen,
between the pen and this page,
the same scene keeps interposing itself:
the translucent skin of a late afternoon,
and beneath the cliffs where the wind breaks up:
Vasko.
          The setting sun dances
in the sight of his unerring rifle.
There's no one to be seen
but Vasko grabs the gun and fires.
Each shot invents a target,
ideas that, barely grazed,
fly up like exclamations.

I note for my preface:
Vasko's rifle does not kill,
it is a maker of images.
As I write these words
an acrid smoke covers my writing.
There is a dance of sparks among the letters,
a rush of flaming vowels,
a confused din of consonants
running over cinders and ash—
the far north of the page is on fire!

I retreat to the south.
But there, in the white margins,
it is raining, it is endlessly raining.
Dropsical sky, thunder and fists,

Sordo redoble:
                    sobre el tambor terrestre,
rajado por el rayo, baila el chubasco.
Esto que escribo ya es un pantano.
De pronto, un sol violento rompe entre nubes.
Súbito escampado:
                    un llano hirsuto,
tres peñascos lampiños, marismas,
circo de la malaria:
lianas, fantasmas, fiebres, púas,
una vegetación rencorosa y armada
en marcha al asalto de la página.

Muerte por agua o muerte por llama:
la prosa o se quema o se ahoga.
Desisto.
            No un prólogo,
tú mereces un poema épico,
una novela de aventuras por entregas.
Digan lo que digan los críticos
no te pareces a Kafka el dispéptico
ni al anémico Beckett.
Vienes del poema de Ariosto,
sales de un cuento grotesco de Ramón.
Eres una conseja contada por una abuela,
una inscripción sobre una piedra caída,
un dibujo y un nombre sobre una pared.

Eres el lobo que guerreó mil años
y ahora lleva a la luna de la mano
por el corredor sin fin del invierno
hasta la plaza de mayo:
                    ya floreció el peral
y a su sombra los hombres beben en rueda
un licor de sol destilado.
El viento se detiene para oírlos
y repite ese son por las colinas.
Mientras tanto te has fugado con la luna.

Eres lobo y eres niño y tienes cien años.
Tu risa celebra al mundo y dice Sí

Muffled roll:
            on the drum of the earth,
cracked by lightning, the downpour dances.
What I am writing is now a swamp.
Then a violent sun breaks through the clouds.
Sudden clearing:
            a hairy plain,
three beardless boulders, marshes,
the circus of malaria:
tendrils, phantoms, fevers, thorns,
an angry and armed vegetation
on the march against the page.

Death by water or death by fire:
the prose either burns or drowns.
I give up.
        Not a preface,
you deserve an epic poem,
a serialized adventure novel.
The critics may say what they like:
you are not in the least like dyspeptic Kafka
or anemic Beckett.
You come from a poem by Ariosto,
you go out in one of Gómez de la Serna's grotesque stories.
You're a fairy tale a grandmother tells,
an inscription on a fallen stone,
a drawing and a name on a wall.

You're the wolf that fought for a thousand years
and now carries the moon in its hand
through the endless corridor of winter
to the plaza of May:
                the pear has blossomed
and in its shade the circle of men
drink a liquor distilled from the sun.
The wind stops to listen to them
and repeats that sound in the hills.
In the meantime you've slipped off with the moon.

You're a wolf and a boy and a hundred years old.
Your laughter celebrates the world and says Yes

a todo lo que nace, crece y muere.
Tu risa reconforta a los muertos.

Eres jardinero y cortas la *flor de niebla*
que nace en la memoria de la vieja
y la conviertes en el clavel de llamas
que se ha puesto en el seno la muchacha.

Eres minero—*he bajado allá abajo,*
dices—y tu sonrisa pone pensativa
a la vehemente primavera.

Eres mecánico electricista
y lo mismo iluminas una conciencia
que calientas los huesos del invierno.

Eres alfarero y eres carpintero,
tus vasijas cantan y nos dan de beber,
por tus escaleras subimos y bajamos
en el interior de nosotros mismos,
tus mesas, sillas y camas nos sirven
para viajar sin movernos,
para amar y morir con entereza.

En mitad de esta página me planto
y digo: Vasko Popa.
Me responde un geiser de soles.

KOSTAS PAPAIOANNOU (1925–1981)
A Nitsa y Reia

In this monody the author bewails a learned friend, unfortunately drowned in his passage from Chester on the Irish Seas, 1637. And by occasion foretells the ruin of our corrupted clergy.

John Milton, *Lycidas* (1638)

Yo tenía treinta años, venía de América y buscaba entre las pavesas de 1946 el huevo del Fénix,
tú tenías veinte años, venías de Grecia, de la insurrección y la cárcel,

to all that is born and grows and dies.
Your laughter comforts the dead.

You're a gardener and you clip the *flower of mist*
that is born in the memory of an old woman
and you turn it into a flaming carnation
a girl has placed between her breasts.

You're a miner—*I have gone down there,*
you say—and your smile makes thoughtful
the exuberant spring.

You're an electrical mechanic,
and you light up the mind
as you warm the bones of winter.

You're a potter and a carpenter,
your pitchers sing and give us a drink,
on your stairs we climb and descend
in the interior of ourselves,
your tables, chairs and beds
let us travel without moving,
love and die with integrity.

In the middle of this page
I plant myself and say: Vasko Popa.
A geyser of suns responds.

KOSTAS PAPAIOANNOU (1925–1981)
for Nitsa and Reia

In this monody the author bewails a learned friend, unfortunately drowned in
his passage from Chester on the Irish Seas, 1637. And by occasion foretells
the ruin of our corrupted clergy . . .

—John Milton, *Lycidas* (1638)

I was 30, came from America, and was searching in the ashes of 1946
for the Phoenix' egg,
you were 20, came from Greece, from the uprising, from jail,

nos encontramos en un café lleno de humo, voces y literatura,

pequeña fogata que había encendido el entusiasmo contra el frío y la penuria de aquel Febrero,

nos encontramos y hablamos de Zapata y su caballo, de la cubierta Demeter, piedra negra, cabeza de yegua,

y al recordar a la linda hechicera de Tesalia que convirtió a Lucio en asno y filósofo

la oleada de tu risa cubrió las conversaciones y el ruido de las cucharillas en las tazas,

hubo un rumor de cabras blanquinegras trepando en tropel un país de colinas quemadas,

la pareja vecina dejó de decirse cosas al oído y se quedó suspensa con la mirada vacía

como si la realidad se hubiese desnudado y no quedase ya sino el girar silencioso de los átomos y las moléculas,

hubo un aleteo sobre la onda azul y blanca, un centelleo de sol sobre las rocas,

oímos el rumor de las pisadas de las aguas nómadas sobre las lajas color de brasa,

vimos una mariposa posarse sobre la cabeza de la cajera, abrir las alas de llama y dispersarse en reflejos,

tocamos los pensamientos que pensábamos y vimos las palabras que decíamos,

después volvió el ruido de las cucharillas, creció la marejada, el ir y venir de las gentes,

pero tú estabas a la orilla del acantilado, era una ancha sonrisa la bahía

y allá arriba pactaban luz y viento: Psiquis sopló sobre tu frente.

No fuiste Licidas ni te ahogaste en un naufragio en el mar de Irlanda,

fuiste Kostas Papaioannou, un griego universal de París, con un pie en Bactriana y el otro en Delfos,

y por eso escribo en tu memoria estos versos en la medida irregular de la sístole y la díastole,

prosodia del corazón que hace breves las sílabas largas y largas las breves,

versos largos y cortos como tus pasos subiendo del Puente Nuevo al león de Belfort recitando el poema de Proclo,

versos para seguir sobre esta página el rastro de tus palabras que son cabras que son ménades

we met in a café full of smoke and voices and literature,
  a little fire of enthusiasm in the cold and poverty of that February,
  we met and talked of Zapata and his horse, of winedark Demeter, black stone, head of a mare,
  and remembering the beautiful sorceress of Thessaly who turned Lucius into an ass and a philosopher,
  the wave of your laughter surged over the chatting and the rattle of the cups and spoons,
  it was the sound of spotted goats clambering in a rush over a land of burnt hills,
  the couple at the next table stopped talking and froze with blank stares,
  as if reality had become naked and nothing remained except the silent spinning of atoms and molecules,
  it was a flapping of wings over blue and white waves, a sparkle of sun on the rocks,
  we heard the sound of the footsteps of the nomadic waters on slabs the color of embers,
  we saw a butterfly land on the cashier's head, open its wings of flame and shatter into reflections,
  we touched the thoughts we thought and saw the words we said, and then the clatter of the spoons returned, the tide swelled, the people came and went,
  but you were on the edge of the cliff, the bay was a broad smile, and above, the light and the wind conspired: Psyche blew across your forehead.

You were not Lycidas nor did you drown in a shipwreck on the Irish Seas,
  you were Kostas Papaioannou, a universal Greek from Paris, with one foot in Bactriana and the other in Delphi,
  and for that reason I write these lines to your memory in the irregular meter of the systole and diastole,
  a prosody of the heart that makes the long syllables short and the short long,
  lines long and short as your footsteps climbing the Pont Neuf to the lion of Belfort, reciting a poem by Proclus,
  lines to follow on this page the tracks of your words that are goats that are Maenads

saltando a la luz de la luna en un valle de piedra y sólidos de vidrio inventados por ellas,

mientras tú hablas de Marx y de Teócrito y ríes y las miras bailar entre tus libros y papeles

—es verano y estamos en un *atelier* que da a un jardincillo en el callejón Daguerre,

hay un emparrado del que cuelgan racimos de uvas, condensaciones de la noche: adentro duerme un fuego,

tesoros quemantes, ¿así serían las que vió y tocó Nerval entre el oro de la trenza divina?—

tu conversación caudalosa avanza entre obeliscos y arcos rotos, inscripciones mutiladas, cementerios de nombres,

abres un largo paréntesis donde arden y brillan archipiélagos mentales, sin cerrarlo prosigues,

persigues una idea, te divides en meandros, te inmovilizas en golfos y deltas, tu idea se ha vuelto piedra,

la rodeas, regresas, te adelgazas en un hilillo de frías agujas, la horadas

y entras—no, no entras ni sales, no hay adentro ni afuera, sólo hay tiempo sin puertas

y tú te detienes y miras callado al dios de la historia: cabras, ménades y palabras se disipan.

Fuiste a la India, de donde salió Dionisos y adonde fue rey el general Meneandro, que allá llaman Milinda,

y como el rey tú te maravillaste al ver las diferencias entre el Uno y la Vacuidad resultas en identidad,

y fue mayor maravilla—porque tu genio bebía no sólo en la luz de la idea sino en el manantial de las formas—

ver en Mahabalipuram a una adolescente caminar descalza sobre la tierra negra, su vestido era un relámpago,

y dijiste: ¡Ah, la belleza como en tiempos de Pericles! y te reíste y Marie José y yo nos reímos contigo

y con nosotros tres se rieron todos los dioses y los héroes del Mahabarata y todos los Bodisatvas de los sutras,

rayaban el espacio naciones vehementes: una tribu de cuervos y, verde tiroteo, una banda de loros,

el sol se hundía y hasta la piedra del ídolo y la espuma del mar eran una vibración rosada;

leaping in the light of the moon in a valley of stone and crystals they have invented,

while you talk of Marx and Theocritus and laugh and watch them dance among your books and papers,

—it is summer and we are in an *atelier* that looks out on a little garden in the rue Daguerre,

there is an arbor where we gather clusters of grapes, condensations of night: a fire sleeps within them,

burning treasures: are these the ones that Nerval touched and saw in the gold of the divine tresses?

your talk overflows obelisks and broken arches, mutilated inscriptions, cemeteries of names,

you open a long parenthesis where mental archipelagos burn and glitter, and without closing it you go on,

you follow an idea, split into meanders, become immobilized in gulfs and deltas, your idea has become stone,

you surround it, go back, draw yourself out into a fine thread for cold needles, pierce it,

enter—no, you neither enter nor leave, there is no inside or out, there is only time with no exits

and you stop and look quietly at the god of history: goats, maenads and words scatter.

You went to India, where Dionysius came from, and where the general Menander was king, and was known there as Milinda,

and like the king you marveled to find that the difference between the One and the Void resolves in their identicalness,

and it was a greater marvel—for your genius drank not only the light of ideas but also from the fountain of forms—

to see in Mahabalipuram a girl walking barefoot over the black earth, her dress a bolt of lightning,

and you said: Ah, beauty as in the time of Pericles! and you laughed and Marie José and I laughed with you,

and with us three laughed all the gods and the heroes of the Mahabharata and all the Boddhisattvas of the sutras,

angry nations streaked through space: a tribe of crows and, in a green skirmish, a band of parrots,

the sun sank and everything from the stone of the carvings to the foam of the sea was a rose-colored vibration;

otro noche, en el patio del hotelito de Trichi, mientras servías *whiskey*
al *bearer* atónito que nos servía:
   ¿Hay puertas? Hay tierra y en nosotros la tierra se hace tiempo y el
tiempo en nosotros se piensa y se entierra,
   pero—señalando a las constelaciones babilonias—podemos contemplar
a este mundo y los otros y regocijarnos,
   la contemplación abre otras puertas: es una transfiguración y es una
reconciliación,
   también podemos reírnos de los ogros y sonreír ante el inicuo con la
sonrisa de Pirrón o con la de Cristo,
   son distintos pero la sonrisa es la misma, hay corredores invisibles
entre la duda y la fe,
   la libertad es decir *para siempre* cuando decimos *ahora*, es un jura-
mento y es el arte del enigma transparente:
   es la sonrisa—y es desatar al prisionero y al decir *no* al monstruo decir
sí al sol de este instante, la libertad es
   —y no terminaste: sonreíste al beber el vaso de *whiskey*. El agua del
alba borraba las constelaciones.

El hombre es sus visiones: una tarde, después de una tormenta, viste o
soñaste o inventaste, es lo mismo,
   caer sobre la doble cima del monte Parnaso la luz cenital en un torrente
inmóvil, intangible y callado,
   árboles, piedras y yerbas chorreaban luz líquida, el agua resplandecía,
el aire podía tocarse, cuerpo sin cuerpo,
   los elementos y las cosas obedecían a la luz apacible y reposaban en sí
mismos, contentos con ser lo que eran,
   poco a poco salieron de sus refugios y madrigueras los toros y las
vacas, las cabras, las serpientes, los perros,
   bajaron la tórtola, el águila y el tordo, llegaron caballos, asnos, un
jabalí, un gato y un lince,
   y todos, los animales salvajes y los domados por el hombre, en círculo
pacífico bebían el agua de la lluvia.

Kostas, entre las cenizas heladas de Europa yo no encontré el huevo de
la resurrección:
   encontré, al pie de la cruel Quimera empapada de sangre, tu risa de
reconciliación.

another night, on the porch of a small hotel in Trichy, while you
poured whiskey for the astonished *bearer* who served us:

Are there doors? There is earth and within us the earth creates time
and time within us thinks and is buried,

but—pointing to the Babylonian constellations—we can contemplate
this world and the others and delight in them,

and contemplation opens other doors: it is a transfiguration and a
reconciliation,

we can laugh at the monsters and smile at the iniquities with the smile
of Pyrrho or Christ,

they are different but the smile is the same, there are invisible passage-
ways between doubt and faith,

freedom is to say *forever* when we say *now*, it is an oath and it is the
art of the transparent enigma:

it is the smile—and it unchains the prisoner, says *no* to the monstrous,
says *yes* to the sun of this moment, freedom is

—and you never finished: you smiled and drank your whiskey. The
waters of the dawn washed out the constellations.

Man is his visions: one afternoon, after a storm, you saw or dreamed
or invented (it's the same)

the zenithal light falling on the double peak of Mount Parnassus in an
unmoving torrent, intangible, silent,

trees, stones, grasses gushed liquid light, the water dazzled, the air
was touchable, body without body,

the elements and the things obeyed the gentle light and rested in their
selves, happy to be what they are,

one by one the bulls and cows, the goats, the snakes, the dogs came
out from their shelters and hiding places,

the tortoise came down, the eagle and the thrush, horses came, don-
keys, a wild boar, a cat and a lynx,

and all of them, the wild animals and those domesticated by man,
drank the rainwater in a peaceful circle.

Kostas, among the frozen ashes of Europe I did not find the egg of
rebirth:

I found, at the foot of the cruel Chimera, drenched with blood, your
laugh of reconciliation.

Un sol más vivo

desde el ocaso, sol más vivo
Luis de Sandoval y Zapata

CONVERSAR

En un poema leo:
conversar es divino.
Pero los dioses no hablan:
hacen, deshacen mundos
mientras los hombres hablan.
Los dioses, sin palabras,
juegan juegos terribles.

El espíritu baja
y desata las lenguas
pero no habla palabras:
habla lumbre. El lenguaje,
por el dios encendido,
es una profecía
de llamas y un desplome
de sílabas quemadas:
ceniza sin sentido.

La palabra del hombre
es hija de la muerte.
Hablamos porque somos
mortales: las palabras
no son signos, son años.
Al decir lo que dicen
los nombres que decimos
dicen tiempo: nos dicen,
somos nombres del tiempo.
Conversar es humano.

A sun more alive

Sun more alive in the west
Luis de Sandoval y Zapata

TO TALK

I read in a poem:
to talk is divine.
But gods don't speak:
they create and destroy worlds
while men do the talking.
Gods, without words,
play terrifying games.

The spirit descends,
untying tongues,
but it doesn't speak words:
it speaks flames.
Language, lit by a god
is a prophecy
of flames and a crash
of burnt syllables:
meaningless ash.

Man's word
is the daughter of death.
We talk because we are
mortal: words
are not signs, they are years.
Saying what they say,
the names we speak
say time: they say us,
we are the names of time.
To talk is human.

UN DESPERTAR

Dentro de un sueño estaba emparedado.
Sus muros no tenían consistencia
ni peso: su vacío era su peso.
Los muros eran horas y las horas
fija y acumulada pesadumbre.
El tiempo de esas horas no era tiempo.

Salté por una brecha: eran las cuatro
en este mundo. El cuarto era mi cuarto
y en cada cosa estaba mi fantasma.
Yo no estaba. Miré por la ventana:
bajo la luz eléctrica ni un alma.
Reverberos en vela, nieve sucia,
casas y autos dormidos, el insomnio
de una lámpara, el roble que habla solo,
el viento y sus navajas, la escritura
de las constelaciones, ilegible.

En sí mismas las cosas se abismaban
y mis ojos de carne las veían
abrumadas de estar, realidades
desnudas de sus nombres. Mis dos ojos
eran almas en pena por el mundo.
En la calle sin nadie la presencia
pasaba sin pasar, desvanecida
en sus hechuras, fija en sus mudanzas,
ya vuelta casas, robles, nieve, tiempo.
Vida y muerte fluían confundidas.

Mirar deshabitado, la presencia
con los ojos de nadie me miraba:
haz de reflejos sobre precipicios.
Miré hacia adentro: el cuarto era mi cuarto
y yo no estaba. Al ser nada le falta
—siempre lleno de sí, jamás el mismo—
aunque nosotros ya no estemos . . . Fuera,
todavía indecisas, claridades:
el alba entre confusas azoteas.
Ya las constelaciones se borraban.

A WAKING

I was walled inside a dream.
Its walls had no consistency,
no weight: its emptiness was its weight.
The walls were hours and the hours
sorrow, hoarded forever.
The time of those hours was not time.

I leapt through a breach: in this world
it was four o'clock. The room was my room
and my ghost was in each thing.
I wasn't there. I looked out the window:
not a soul under the electric light.
Vigilant streetlamps, dirty snow,
houses and cars asleep, the insomnia
of a lamp, the oak that talks to itself,
the wind and its knives, the illegible
writing of the constellations.

The things were buried deep in themselves
and my eyes of flesh saw them
weary of being, realities
stripped of their names. My two eyes
were souls grieving for the world.
On the empty street the presence
passed without passing, vanishing
into its forms, fixed in its changes,
and turned now into houses, oaks, snow, time.
Life and death flowed on, blurred together.

Uninhabited sight, the presence
looked at me with nobody's eyes:
a bundle of reflections over the cliffs.
I looked inside: the room was my room
and I wasn't there. Being lacks nothing
—always full of itself, always the same—
even though we are not there . . . Outside,
the clarities, still uncertain:
dawn in the jumble of the rooftops.
The constellations were being erased.

PEQUEÑA VARIACIÓN

Como una música resucitada
—¿quién la despierta allá, del otro lado,
quién la conduce por las espirales
del oído mental?—,
como el desvanecido
momento que regresa
y es otra vez la misma
disipada inminencia,
sonaron sin sonar
las sílabas desenterradas:
y en la hora de nuestra muerte, amén.

En la capilla del colegio
las dije muchas veces
sin convicción. Las oigo ahora
dichas por una voz sin labios,
rumor de arena que se desmorona,
mientras las horas doblan en mi cráneo
y el tiempo da otra vuelta hacia mi noche.
No soy el primer hombre
—me digo, a la Epitecto—
que va a morir sobre la tierra.
Y el mundo se desploma por mi sangre
al tiempo que lo digo.

El desconsuelo
de Gilgamesh cuando volvía
del país sin crepúsculo:
mi desconsuelo. En nuestra tierra opaca
cada hombre es Adán:
con él comienza el mundo,
con él acaba.
Entre el después y el antes,
paréntesis de piedra,
seré por un instante sin regreso
el primer hombre y seré el último.
Y al decirlo, el instante
—intangible, impalpable—

LITTLE VARIATION

Like a piece of music brought back to life—
who wakes it, there, on the other side,
who leads it through the spirals
of the mind's ear?—
like the vanished
moment that comes back
and once again is the same
scattered imminence,
the unburied syllables
soundlessly sound:
and at the hour of our death, amen.

In the school chapel
I said them so many times
without conviction. Now I hear them
said by a voice with no lips,
a whisper of collapsing sand,
while the hours chime in my skull
and time takes another turn around my night.
I am not the first man—
I say to myself, like Epictetus—
who's going to die on this earth.
And the world tumbles down through my blood
as I say it.

            The sorrow
of Gilgamesh when he came back
from the land without twilight:
my sorrow. On our dim earth
each man is Adam:
                        with him the world begins,
with him it ends.
                        Between after and before,
a parenthesis of stone,
I will be, for an instant that will never return,
the first man and the last.
And, as I say it, the intangible,
impalpable instant

bajo mis pies se abre
y sobre mí se cierra, tiempo puro.

EPITAFIO SOBRE NINGUNA PIEDRA

Mixcoac fue mi pueblo: tres sílabas nocturnas,
un antifaz de sombra sobre un rostro solar.
Vino Nuestra Señora, la Tolvanera Madre.
Vino y se lo comió. Yo andaba por el mundo.
Mi casa fueron mis palabras, mi tumba el aire.

EJERCICIO PREPARATORIO
(Díptico con tablilla votiva)

MEDITACIÓN
(Primer tablero)

La préméditation de la mort est préméditation de la liberté.
Qui a apris à mourir, il a desapris à servir.

Michel de Montaigne

La hora se vacía.
Me cansa el libro y lo cierro.
Miro, sin mirar, por la ventana.
Me espían mis pensamientos.
                    Pienso que no pienso.
Alguien, al otro lado, abre una puerta.
Tal vez, tras esa puerta,
no hay otro lado.
                    Pasos en el pasillo.
Pasos de nadie: es sólo el aire
buscando su camino.
                    Nunca sabemos
si entramos o salimos.
                    Yo, sin moverme,
también busco—no mi camino:
el rastro de los pasos
que por años diezmados me han traído
a este instante sin nombre, sin cara.

opens under my feet
and closes over me, pure time.

EPITAPH FOR NO STONE

Mixcoac was my village: three nocturnal syllables,
a half-mask of shadow across a face of sun.
Our Lady, Mother Dustcloud, came,
came and ate it. I went out in the world.
My words were my house, air my tomb.

PREPARATORY EXERCISE
(Diptych with votive tablet)

MEDITATION
(First panel)

La préméditation de la mort est préméditation de la liberté.
Qui a apris à mourir, il a desapris à servir.

Michel de Montaigne

The hour empties out.
The book tires me, and I close it.
I look, without looking, out the window.
My thoughts spy on me.
                          I think I'm not thinking.
Someone, on the other side, opens a door.
Perhaps, behind that door,
there is no other side.
                          Footsteps in the hall.
Nobody's footsteps: it is only the air
finding its way.
                    We never know
if we're entering or leaving.
                              Without moving
I too am trying to find—not my way:
the tracks of the steps
that have brought me through the decimated years
to this moment with no name, no face.

Sin cara, sin nombre.
Hora deshabitada.
La mesa, el libro, la ventana:
cada cosa es irrefutable.
Sí,
la realidad es real.
Y flota
—enorme, sólida, palpable—
sobre este instante hueco.
La realidad
está al borde del hoyo siempre.
Pienso que no pienso.
Me confundo
con el aire que anda por el pasillo.
El aire sin cara, sin nombre.

Sin nombre, sin cara,
sin decir: he llegado,
llega.
Interminablemente está llegando,
inminencia que se desvanece
en un aquí mismo
más allá siempre.
Un siempre nunca.
Presencia sin sombra,
disipación de las presencias,
Señora de las reticencias
que dice todo cuando dice nada,
Señora sin nombre, sin cara.

Sin cara, sin nombre:
miro
—sin mirar;
pienso
—y me despueblo.
Es obsceno,
dije en una hora como esta,
morir en su cama.
Me arrepiento:
no quiero muerte de fuera,

With no face, no name.
$\qquad\qquad$ Deserted hour.
The table, the book, the window:
each thing is irrefutable.
$\qquad\qquad\qquad$ Yes,
reality is real.
$\qquad\qquad$ And it floats
—enormous, solid, tangible—
over this hollow moment.
$\qquad\qquad\qquad$ Reality
is always at the edge of the pit.
I think I'm not thinking.
$\qquad\qquad\qquad$ I am blurred
with the air that walks in the hall.
The air with no face, no name.

With no name, no face,
without saying: I've come,
$\qquad\qquad\qquad\qquad$ it comes.
It is interminably coming,
an imminence that vanishes
in a here
$\qquad\qquad$ forever beyond, out there.
A forever never.
$\qquad\qquad\qquad$ A shadowless presence,
a scattering of presences,
Lady of reticence
who says it all, saying nothing,
Lady with no name, no face.

With no face, no name:
I look
$\qquad$ —without looking;
I think
$\qquad$ —and am deserted.
It's obscene
I once said, in an hour like this,
to die in one's bed.
$\qquad\qquad\qquad$ I regret it:
I don't want to die outside,

quiero morir sabiendo que muero.
Este siglo está poseído.
En su frente, signo y clavo,
arde una idea fija:
todos los días nos sirve
el mismo plato de sangre.
En una esquina cualquiera
—justo, omnisciente y armado—
aguarda el dogmático sin cara, sin nombre.

Sin nombre, sin cara:
la muerte que yo quiero
lleva mi nombre,
                        tiene mi cara.
Es mi espejo y es mi sombra,
la voz sin sonido que dice mi nombre,
la oreja que escucha cuando callo,
la pared impalpable que me cierra el paso,
el piso que de pronto se abre.
Es mi creación y soy su criatura.
Poco a poco, sin saber lo que hago,
la esculpo, escultura de aire.
Pero no la toco, pero no me habla.
Todavía no aprendo a ver,
en la cara del muerto, mi cara.

REMEMORACIÓN
(Segundo tablero)

. . . querría hacerla de tal modo que diese a entender que no había sido mi vida
tan mala que dejase nombre de loco; puesto que lo he sido, no querría con-
firmar esta verdad con mi muerte.

Miguel de Cervantes

Con la cabeza lo sabía,
no con saber de sangre:
es un acorde ser y otro acorde no ser.
La misma vibración, el mismo instante
ya sin nombre, sin cara.

I want to die knowing that I'm dying.
This century is possessed.
In its forehead, nail and sign,
a fixed idea burns:
each day it serves us
the same platter of blood.
On some corner he waits
—pious, omniscient, and armed—
the dogmatist with no face, no name.

With no name, no face:
the death I want
bears my name,
                    it has my face.
It is my mirror and it is my shadow,
the soundless voice that speaks my name,
the ear that listens when I am silent,
the intangible wall that blocks my way,
the floor that suddenly opens.
It is my creation and I am its creature.
Little by little, without knowing what I'm making,
I sculpt it, this sculpture of air.
But I never touch it, and it never speaks.
I still have not learned to see
my face in the face of the dead.

REMEMBRANCE
(Second panel)

. . . I would have it remembered that though in my life I was reputed a mad-
man, yet in my death this opinion was not confirmed.

Miguel de Cervantes

With my head I knew it,
not in my blood:
being is one harmony and non-being another.
The same vibration, the same moment,
still with no name, no face.

                                    El tiempo,
que se come las caras y los nombres,
a si mismo se come.
El tiempo es una máscara sin cara.

No me enseñó a morir el Buda.
Nos dijo que las caras se disipan
y sonido vacío son los nombres.
Pero al morir tenemos una cara,
morimos con un nombre.
En la frontera cenicienta
¿quien abrirá mis ojos?

Vuelvo a mis escrituras,
al libro del hidalgo mal leído
en una adolescencia soleada,
con plurales violencias compartida:
el llano acuchillado,
las peleas del viento con el polvo,
el pirú, surtidor verde de sombra,
el testuz obstinado de la sierra
contra la nube encinta de quimeras,
la rigurosa luz que parte y distribuye
el cuerpo vivo del espacio:
geometría y sacrificio.

Yo me abismaba en mi lectura
rodeado de prodigios y desastres:
al sur los dos volcanes
hechos de tiempo, nieve y lejanía;
sobre las páginas de piedra
los caracteres bárbaros del fuego;
las terrazas del vértigo;
los cerros casi azules apenas dibujados
con manos impalpables por el aire;
el mediodía imaginero
que todo lo que toca hace escultura
y las distancias donde el ojo aprende
los oficios de pájaro y arquitecto-poeta.

Time,
that devours faces and names,
devours itself.
Time is a mask with no face.

The Buddha did not teach me how to die.
He tells us that faces dissolve,
that names are empty sounds.
But at death we have a face,
and we die with a name.
In the borderland of ashes
who will open my eyes?

I go back to my scriptures,
to the book of the knight read badly
in a sunlit youth
that shared much of its violence:
the gashed plains,
the battles of wind and dust,
the wild pear tree, green fountain of shadow,
the nape of the sierra, stubborn
against clouds pregnant with chimeras,
the rigorous light that portioned out
the living body of space:
geometry and sacrifice.

I buried myself in my reading,
surrounded by wonders and disasters:
to the south, the two volcanoes
made of time, distance, and snow;
the barbarian characters of fire
on the pages of stone;
the terraces of vertigo;
the hills, almost blue and scarcely drawn
with invisible hands by the air;
noon, the icon-maker
making sculpture out of all that it touches,
and the distances where the eye learns
the duties of birds and architect-poets.

Altiplano, terraza del zodíaco,
circo del sol y sus planetas,
espejo de la luna,
alta marea vuelta piedra,
inmensidad escalonada
que sube apenas luz la madrugada
y desciende la grave anochecida,
jardín de lava, casa de los ecos,
tambor del trueno, caracol del viento,
teatro de la lluvia,
hangar de nubes, palomar de estrellas.

Giran las estaciones y los días,
giran los cielos, rápidos o lentos,
las fábulas errantes de las nubes,
campos de juego y campos de batalla
de inestables naciones de reflejos,
reinos de viento que disipa el viento:
en los días serenos el espacio palpita,
los sonidos son cuerpos transparentes,
los ecos son visibles, se oyen los silencios.
Manantial de presencias,
el día fluye desvanecido en sus ficciones.

En los llanos el polvo está dormido.
Huesos de siglos por el sol molidos,
tiempo hecho sed y luz, polvo fantasma
que se levanta de su lecho pétreo
en pardas y rojizas espirales,
polvo danzante enmascarado
bajo los domos diáfanos del cielo.
Eternidades de un instante,
eternidades suficientes,
vastas pausas sin tiempo:
cada hora es palpable,
las formas piensan, la quietud es danza.

Páginas más vividas que leídas
en las tardes fluviales:
el horizonte fijo y cambiante;

High plains, terrace of the zodiac,
circus of the sun and its planets,
mirror of the moon,
high tide turned to stone,
stepped immensity
that the dawn, barely light, climbs,
and solemn evening descends,
lava garden, house of echoes,
thunder drum, shell of the wind,
theater of rain,
hangar of clouds, pigeon coop of the stars.

Seasons turn and days turn,
the heavens turn, fast or slow,
the wandering fables of the clouds,
the fields of play and the fields of battle
for unfounded nations of reflections,
the kingdoms of wind dissolved by the wind:
on peaceful days space is throbbing,
sounds are transparent bodies,
echoes are visible, silence listens to itself.
Source of presences,
the day flows vanished in its fictions.

On the plains the dust is asleep.
Bones of centuries ground by the sun,
time turned to thirst and light, ghostly dust
that rises from its stony bed
in brown and reddish spirals,
dust, masked and dancing,
under the diaphanous domes of the sky.
Eternities in an instant,
eternities enough,
vast, timeless pauses:
each hour is tangible,
forms think, stillness is dance.

Pages more lived than read
in the fluvial afternoons:
the horizon, fixed and changing;

el temporal que se despeña, cárdeno,
desde el Ajusco por los llanos
con un ruido de piedras y pezuñas
resuelto en un pacífico oleaje;
los pies descalzos de la lluvia
sobre aquel patio de ladrillos rojos;
la buganvilla en el jardín decrépito,
morada vehemencia . . .
Mis sentidos en guerra con el mundo:
fue frágil armisticio la lectura.

Inventa la memoria otro presente.
Así me inventa.
                    Se confunde
el hoy con lo vivido.
Con los ojos cerrados leo el libro:
al regresar del desvarío
el hidalgo a su nombre regresa y se contempla
en el agua estancada de un instante sin tiempo.
Despunta, sol dudoso,
entre la niebla del espejo, un rostro.
Es la cara del muerto.
                    En tales trances,
dice, *no ha de burlar al alma el hombre.*
Y se mira a la cara:
                    deshielo de reflejos.

DEPRECACIÓN
(Tablilla)

Debemur morti nos nostraque.
                    Horacio

No he sido Don Quijote,
no deshice ningún entuerto

                    (aunque a veces
me han apedreado los galeotes)

                    pero quiero,
como él, morir con los ojos abiertos.

from Ajusco the purple storm
hurled down to the plains
with a crash of stones and hoofs
and broke up into peaceful waves;
the bare feet of the rain
on that red-brick patio;
the bougainvillaea in the decrepit garden,
crimson ardor . . .
My feelings at war with the world:
reading was a fragile truce.

Memory invents another present.
As it invents myself.
                    What has been lived
blurs with today.
With eyes closed I read the book:
returning from his madness
the knight returns to his name and studies himself
in the still water of a timeless moment.
It dawns, a dubious sun
in the mist of the mirror, a face.
It is the face of death.
                    In such trances,
he says, *man must not mock the soul.*
And he looks himself in the face:
                    thaw of reflections.

P R A Y E R
(Tablet)

Debemur morti nos nostraque.
                    Horace

I have not been Don Quixote,
I have never undone any wrong
                    (though at times
I've been stoned by shepherds)
                    but I want,
as he did, to die with eyes open.

Morir
sabiendo que morir es regresar
adonde no sabemos,
                    adonde,
sin esperanza, lo esperamos.

                    Morir
reconciliado con los tres tiempos
y las cinco direcciones,
                    el alma
—o lo que así llamamos—
vuelta una transparencia.

                    Pido
no la iluminación:
                    abrir los ojos,
mirar, tocar al mundo
con mirada de sol que se retira;
pido ser la quietud del vértigo,
la conciencia del tiempo
apenas lo que dure un parpadeo
del ánima sitiada;
                    pido
frente a la tos, el vómito, la mueca,
ser día despejado,
                    luz mojada
sobre tierra recién llovida
y que tu voz, mujer, sobre mi frente sea
el manso soliloquio de algún río;
pido ser breve centelleo,
repentina fijeza de un reflejo
sobre el oleaje de esa hora:
memoria y olvido,
                    al fin,
una misma claridad instantánea.

                                                   To die

knowing that to die is to return
to the place we don't know,
                                        the place
we hopelessly await.
                              To die
at one with the three states of time
and the five directions,
                                 the soul
—or however we name it—
turned to transparency.
                                   I ask
not for illumination:
                                 to open my eyes,
to see, to touch the world
with the gaze of a sun that's receding;
I ask to be the stillness of vertigo,
the consciousness of time
that lasts barely as long as a blink
of the soul besieged;
                                 I ask
facing the coughing, the vomit, the grimace,
for a perfect day,
                           damp light
on earth fresh with rain,
that your voice, woman, on my forehead may be
the soft soliloquy of some river;
I ask for a brief flash,
the sudden glint of a reflection
on the wave of that moment:
memory and forgetting,
                                 in the end,
the same instantaneous clarity.

LA CARA Y EL VIENTO

Bajo un sol inflexible
llanos ocres, colinas leonadas.
Trepé por un breñal una cuesta de cabras
hacia un lugar de escombros:
pilastras desgajadas, dioses decapitados.
A veces, centelleos subrepticios:
una culebra, alguna lagartija.
Agazapados en las piedras,
color de tinta ponzoñosa,
pueblos de bichos quebradizos.
Un patio circular, un muro hendido.
Agarrada a la tierra—nudo ciego,
árbol todo raíces—la higuera religiosa.
Lluvia de luz. Un bulto gris: el Buda.
Una masa borrosa sus facciones,
por las escarpaduras de su cara
subían y bajaban las hormigas.
Intacta todavía,
todavía sonrisa, la sonrisa:
golfo de claridad pacífica.
Y fui por un instante diáfano
viento que se detiene,
gira sobre sí mismo y se disipa.

THE FACE AND THE WIND

Beneath an unrelenting sun:
ocher plains, lion-colored hills.
I struggled up a craggy slope of goats
to a place of rubble:
lopped columns, headless gods.
Surreptitious flashes of light:
a snake, or some small lizard.
Hidden in the rocks,
the color of toxic ink,
colonies of brittle beetles.
A circular courtyard, a wall full of cracks.
Clutching the earth—blind knot,
tree all roots—a pipal, the religious fig.
Rain of light. A grey hulk: the Buddha,
its features a blurred mass.
Ants climbed and descended
the slopes of its face.
Still intact,
the smile, that smile:
a gulf of pacific clarity.
And I was, for a moment, diaphanous,
a wind that stops
turns on itself and is gone.

Visto y dicho

FÁBULA DE JOAN MIRÓ

El azul estaba inmovilizado entre el rojo y el negro.
El viento iba y venía por la página del llano,
encendía pequeñas fogatas, se revolcaba en la ceniza,
salía con la cara tiznada gritando por las esquinas,
el viento iba venía abriendo y cerrando puertas y ventanas,
iba y venía por los crepusculares corredores del cráneo,
el viento con mala letra y las manos manchadas de tinta
escribía y borraba lo que había escrito sobre la pared del día.
El sol no era sino el presentimiento del color amarillo,
una insinuación de plumas, el grito futuro del gallo.
La nieve se había extraviado, el mar había perdido el habla,
era un rumor errante, unas vocales en busca de una palabra.

El azul estaba inmovilizado, nadie lo miraba, nadie lo oía:
el rojo era un ciego, el negro un sordomudo.
El viento iba y venía preguntando ¿por dónde anda Joan Miró?
Estaba ahí desde el principio pero el viento no lo veía:
inmovilizado entre el azul y el rojo, el negro y el amarillo,
Miró era una mirada transparente, una mirada de siete manos.
Siete manos en forma de orejas para oír a los siete colores,
siete manos en forma de pies para subir los siete escalones del arco iris,
siete manos en forma de raíces para estar en todas partes y a la vez en
    Barcelona.

Miró era una mirada de siete manos.
Con la primera mano golpeaba el tambor de la luna,
con la segunda sembraba pájaros en el jardín del viento,
con la tercera agitaba el cubilete de las constelaciones,
con la cuarta escribía la leyenda de los siglos de los caracoles,
con la quinta plantaba islas en el pecho del verde,
con la sexta hacía una mujer mezclando noche y agua, música y electri-
    cidad,

Seen and said

A FABLE OF JOAN MIRÓ

Blue was immobilized between red and black.
The wind came and went over the page of the plains,
lighting small fires, wallowing in the ashes,
went off with its face sooty, shouting on the corners,
the wind came and went, opening, closing windows and doors,
came and went through the twilit corridors of the skull,
the wind in a scrawl, with ink-stained hands
wrote and erased what it had written on the wall of the day.
The sun was no more than an omen of the color yellow,
a hint of feathers, a cock's future crow.
The snow had gone astray, the sea had lost its speech
and was a wandering murmur, a few vowels in search of a word.

Blue was immobilized, no one saw it, no one heard:
red was a blind man, black a deaf mute.
The wind came and went, asking, Where are you going Joan Miró?
He had been here from the beginning, but the wind hadn't seen him:
immobilized between blue and red, black and yellow,
Miró was a transparent mirage, a mirage with seven hands.
Seven hands in the form of ears, to hear the seven colors,
seven hands in the form of feet, to climb the seven steps of the rainbow,
seven hands in the form of roots, to be everywhere and in Barcelona at
the same time.

Miró was a mirage with seven hands.
With the first hand, he beat the drum of the moon,
with the second, he scattered birds in the garden of the wind,
with the third, he rattled the dice-cup of the stars,
with the fourth, he wrote The Legend of the Centuries of Snails,
with the fifth, he planted islands in the chest of green,
with the sixth, he created a woman by mixing night and water, music
and electricity,

con la séptima borraba todo lo que había hecho y comenzaba de nuevo.

El rojo abrió los ojos, el negro dijo algo incomprensible y el azul se
   levantó.
Ninguno de los tres podía creer lo que veía:
¿eran ocho gavilanes o eran ocho paraguas?
Los ocho abrieron las alas, se echaron a volar y desaparecieron por un
   vidrio roto.

Miró empezo a quemar sus telas.
Ardían los leones y las arañas, las mujeres y las estrellas,
el cielo se pobló de triángulos, esferas, discos, hexaedros en llamas,
el fuego consumió enteramente a la granjera planetaria plantada en el
   centro del espacio,
del montón de cenizas brotaron mariposas, peces voladores, roncos fonó-
   grafos,
pero entre los agujeros de los cuadros chamuscados
volvían el espacio azul y la raya de la golondrina, el follaje de nubes y el
   bastón florido:
era la primavera que insistía, insistía con ademanes verdes.
Ante tanta obstinación luminosa Miró se rascó la cabeza con su quinta
   mano,
murmurando para sí mismo: *Trabajo como un jardinero.*

¿Jardín de piedras o de barcas? ¿Jardín de poleas o de bailarinas?
El azul, el negro y el rojo corrían por los prados,
las estrellas andaban desnudas pero las friolentas colinas se habían
   metido debajo de las sábanas,
había volcanes portátiles y fuegos de artificio a domicilio.
Las dos señoritas que guardan la entrada a la puerta de las percepciones,
   Geometría y Perspectiva,
se habían ido a tomar el fresco del brazo de Miró, cantando *Une étoile
   caresse le sein d'une négresse.*

El viento dio la vuelta a la página del llano, alzó la cara y dijo ¿pero
   dónde anda Joan Miró?
Estaba ahí desde el principio y el viento no lo veía:
Miró era una mirada transparente por donde entraban y salían atareados
   abecedarios.
No eran letras las que entraban y salían por los túneles del ojo:

with the seventh, he erased everything he had made and started over
    again.

Red opened its eyes, black mumbled something incoherent, and blue
    got up.
None of them could believe what it saw:
were those eight hawks or eight umbrellas?
The eight spread their wings and flew off, disappearing through a broken
    windowpane.

Miró set fire to his canvases.
Lions and spiders burned, women and stars,
the sky filled with triangles, spheres, discs, hexahedrons in flames,
the blaze consumed the planetary farmer planted in the middle of space,
butterflies, flying fish, wheezing phonographs sprouted from the ash-
    heap,
but between the holes in the charred paintings
blue space came back, and the swallow's flash, the foliage of the clouds,
    and the flowering rod:
it was spring insisting, insisting with its green airs.
In the face of such luminous stubbornness, Miró scratched his head with
    his fifth hand,
muttering to himself, *I work like a gardener.*

A garden of stones or of boats? Pulleys or ballerinas?
Blue, black and red ran through the meadows,
the stars were walking naked, but the shivering hills snuggled under the
    sheets,
there were portable volcanoes and artificial fires at home.
The two ladies who guard the entrance to the doors of perception,
    Geometry and Perspective,
had taken Miró's arm and gone for a bit of air, singing *Une étoile caresse
    le sein d'une négresse.*

The wind turned around on the page of the plains, lifted its head and
    said, But where are you going Joan Miró?
He had been here from the beginning and the wind hadn't seen him:
Miró was a transparent mirage where hectic alphabets came and went.
These were not letters coming and going through the tunnels of his eyes:

eran cosas vivas que se juntaban y se dividían, se abrazaban y se mordían
y se dispersaban,
corrían por toda la página en hileras animadas y multicolores, tenían
cuernos y rabos,
unas estaban cubiertas de escamas, otras de plumas, otras andaban en
cueros,
y las palabras que formaban eran palpables, audibles y comestibles pero
impronunciables:
no eran letras sino sensaciones, no eran sensaciones sino transfigura-
ciones.

¿Y todo esto para qué? Para trazar una línea en la celda de un solitario,
para iluminar con un girasol la cabeza de luna del campesino,
para recibir a la noche que viene con personajes azules y pájaros de fiesta,
para saludar a la muerte con una salva de geranios,
para decirle *buenos días* al día que llega sin jamás preguntarle de dónde
viene y adónde va,
para recordar que la cascada es una muchacha que baja las escaleras
muerta de risa,
para ver al sol y a sus planetas meciéndose en el trapecio del horizonte,
para aprender a mirar y para que las cosas nos miren y entren y salgan
por nuestras miradas,
abecedarios vivientes que echan raíces, suben, florecen, estallan, vuelan,
se disipan, caen.

Las miradas son semillas, mirar es sembrar, Miró trabaja como un
jardinero
y con sus siete manos traza incansable—círculo y rabo, ¡oh! y ¡ah!—
la gran exclamación con que todos los días comienza el mundo.

LA DULCINEA DE MARCEL DUCHAMP
A Eulalio Ferrer

—*Metafísica estáis.*
—*Hago striptease.*

Ardua pero plausible, la pintura
cambia la blanca tela en pardo llano

they were living things that joined and split apart, embraced, gnawed
    on each other and scattered,
running over the page in frantic, multicolored rows, they had tails and
    horns,
some were covered with scales, others with feathers, others were stark
    naked,
and the words they formed were palpable, audible, edible, but unpro-
    nounceable,
these were not letters but sensations, these were not sensations but trans-
    figurations.

And for what? To scratch a line in the hermit's cell,
to light the moon-head of a peasant with a sunflower,
to welcome the night that comes with its blue characters and festival
    birds,
to hail death with a round of geraniums,
to say *good morning* to morning when it comes without ever asking
    where it comes from or where it goes,
to remember that a waterfall is a girl coming down the stairs dying of
    laughter,
to see the sun and its planets swinging on the trapeze of the horizon,
to learn to see so that things will see us and come and go through our
    seeing,
living alphabets that send out roots, shoot up, bud, flower, fly off, scatter,
    fall.

Sight is seed, to see is to sow, Miró works like a gardener
and with his seven hands endlessly sketches—circle and tail, oh! and
    ah!—
that great exclamation with which the world begins each day.

THE DULCINEA OF MARCEL DUCHAMP
for Eulalio Ferrer

—*You must be a metaphysician.*
                                        —*I do striptease.*

Arduous yet plausible, the painting
turns the white canvas into a brown plain,

y en Dulcinea al polvo castellano,
torbellino resuelto en escultura.

Transeunte de París, en su figura
—molino de ficciones, inhumano
rigor y geometría—Eros tirano
desnuda en cinco chorros su estatura.

Mujer en rotación que se disgrega
en surtidor de sesgos y reflejos:
mientras más se desviste, más se niega.

La mente es una cámara de espejos;
invisible en el cuadro, Dulcinea
perdura: fue mujer y ya es idea.

10 LÍNEAS PARA ANTONI TÀPIES

Sobre las superficies ciudadanas,
las deshojadas hojas de los días,
sobre los muros desollados, trazas
signos carbones, números en llamas.
Escritura indeleble del incendio,
sus testamentos y sus profecías
vueltos ya taciturnos resplandores.
Encarnaciones, desencarnaciones:
tu pintura es el lienzo de Verónica
de ese Cristo sin rostro que es el tiempo.

LA VISTA, EL TACTO
A Balthus

La luz sostiene—ingrávidos, reales—
el cerro blanco y las encinas negras,
el sendero que avanza,
el árbol que se queda;

Spanish dust into the Dulcinea,
a whirlwind that breaks into sculpture.

A Parisian passer-by, in her figure
—mill of fictions, inhuman
rigor and geometry—tyrannical Eros
reveals his stature with five streams.

Rotating woman dispersed
in a fountain of slopes and reflections:
the more you undress, the more you hide.

The mind is a hall of mirrors;
invisible in the picture, the Dulcinea
endures: she was a woman, and is now an idea.

10 LINES FOR ANTONI TÀPIES

On the municipal facades,
the fallen leaves of every day,
on the flayed walls you trace
charcoal signs, numbers in flames.
Indelible scriptures of the blaze,
its testaments and prophecies
now turned into melancholy splendors.
Incarnations, disincarnations:
your painting is the veil of Veronica
with that faceless Christ that is time.

SIGHT AND TOUCH
for Balthus

The light holds them—weightless, real—
the white hill and the black oaks,
the path that runs on,
the tree that remains;

la luz naciente busca su camino,
río titubeante que dibuja
sus dudas y las vuelve certidumbres,
río del alba sobre unos párpados cerrados;

la luz esculpe al viento en la cortina,
hace de cada hora un cuerpo vivo,
entra en el cuarto y se desliza,
descalza, sobre el filo del cuchillo;

la luz nace mujer en un espejo,
desnuda bajo diáfanos follajes
una mirada la encadena,
la desvanece un parpadeo;

la luz palpa los frutos y palpa lo invisible,
cántaro donde beben claridades los ojos,
llama cortada en flor y vela en vela
donde la mariposa de alas negras se quema:

la luz abre los pliegues de la sábana
y los repliegues de la pubescencia,
arde en la chimenea, sus llamas vueltas sombras
trepan los muros, yedra deseosa;

la luz no absuelve ni condena,
no es justa ni es injusta,
la luz con manos invisibles alza
los edificios de la simetría;

la luz se va por un pasaje de reflejos
y regresa a sí misma:
es una mano que se inventa,
un ojo que se mira en sus inventos.

La luz es tiempo que se piensa.

the rising light seeks its way,
a wavering river that sketches
its doubts and turns them to certainties,
a river of dawn across closed eyes;

the light sculpts the wind in the curtains,
makes each hour a living body,
comes into the room and slips off,
slipperless, along the edge of a knife;

the light creates a woman in a mirror,
naked under the diaphanous leaves,
a glance can enchain her,
she vanishes with a blink;

the light touches the fruit, touches the invisible,
a pitcher for the eyes to drink clarity,
a clipped flower of flame, a sleepless candle
where the butterfly with black wings burns:

the light smoothes the creases in the sheets
and the folds of puberty,
it smolders in the fireplace, its flames shadows
that climb the walls like yearning ivy;

the light does not absolve or condemn,
it is neither just nor unjust,
the light with invisible hands constructs
the buildings of symmetry;

the light goes off through a path of reflections
and comes back to itself:
a hand that invents itself, an eye
that sees itself in its own inventions.

Light is time thinking about itself.

UN VIENTO LLAMADO BOB RAUSCHENBERG

Paisaje caído de Saturno,
paisaje del desamparo,
llanuras de tuercas y ruedas y palancas,
turbinas asmáticas, hélices rotas,
cicatrices de la electricidad,
paisaje desconsolado:
los objetos duermen unos al lado de los otros,
vastos rebaños de cosas y cosas y cosas,
los objetos duermen con los ojos abiertos
y caen pausadamente en sí mismos,
caen sin moverse,
su caída es la quietud del llano bajo la luna,
su sueño es un caer sin regreso,
un descenso hacia el espacio sin comienzo,
los objetos caen,
                    están cayendo,
caen desde mi frente que los piensa,
caen desde mis ojos que no los miran,
caen desde mi pensamiento que los dice,
caen como letras, letras, letras,
lluvia de letras sobre el paisaje del desamparo.

Paisaje caído,
sobre sí mismo echado, buey inmenso,
buey crepuscular como este siglo que acaba,
las cosas duermen unas al lado de las otras
—el hierro y el algodón la seda y el carbón,
las fibras sintéticas y los granos de trigo,
los tornillos y los huesos del ala del gorrión,
la grúa, la colcha de lana y el retrato de familia,
el reflector, el manubrio y la pluma del colibrí—
las cosas duermen y hablan en sueños,
el viento ha soplado sobre las cosas
y lo que hablan las cosas en su sueño
lo dice el viento lunar al rozarlas,
lo dice con reflejos y colores que arden y estallan,
el viento profiere formas que respiran y giran,

A WIND CALLED BOB RAUSCHENBERG

Landscape fallen from Saturn,
abandoned landscape,
plains of nuts and wheels and bars,
asthmatic turbines, broken propellers,
electrical scars,
desolate landscape:
the objects sleep side by side,
great flocks of things and things and things,
the objects sleep with eyes open
and slowly fall within themselves,
they fall without moving,
their fall is the stillness of a plain under the moon,
their sleep is a falling with no return,
a descent toward a space with no beginning,
the objects fall,
                    objects are falling,
they fall from my mind that thinks them,
they fall from my eyes that don't see them,
they fall from my thoughts that speak them,
they fall like letters, letters, letters,
a rain of letters on a derelict landscape.

Fallen landscape,
strewn over itself, a great ox,
an ox crepuscular as this century that ends,
things sleep side by side—
iron and cotton, silk and coal,
synthetic fibers and grains of wheat,
screws and the wing-bones of a sparrow,
the crane, the woolen quilt, the family portrait,
the headlight, the crank and the hummingbird feather—
things sleep and talk in their sleep,
the wind blows over the things,
and what the things say in their sleep
the lunar wind says brushing past them,
it says it with reflections and colors that burn and sparkle,
the wind speaks forms that breathe and whirl,

las cosas se oyen hablar y se asombran al oírse,
eran mudas de nacimiento y ahora cantan y ríen,
eran paralíticas y ahora bailan,
el viento las une y las separa y las une,
juega con ellas, las deshace y las rehace,
inventa otras cosas nunca vistas ni oídas,
sus ayuntamientos y sus disyunciones
son racimos de enigmas palpitantes,
formas insólitas y cambiantes de las pasiones,
constelaciones del deseo, la cólera, el amor,
figuras de los encuentros y las despedidas.

El paisaje abre los ojos y se incorpora,
se echa a andar y su sombra lo sigue,
es una estela de rumores obscuros,
son los lenguajes de las substancias caídas,
el viento se detiene y oye el clamor de los elementos,
a la arena y al agua hablando en voz baja,
el gemido de las maderas del muelle que combate la sal,
las confidencias temerarias del fuego,
el soliloquio de las cenizas,
la conversación interminable del universo.
Al hablar con las cosas y con nosotros
el universo habla consigo mismo:
somos su lengua y su oreja, sus palabras y sus silencios.
El viento oye lo que dice el universo
y nosotros oímos lo que dice el viento
al mover los follajes submarinos del lenguaje
y las vegetaciones secretas del subsuelo y el subcielo:
los sueños de las cosas el hombre los sueña,
los sueños de los hombres el tiempo los piensa.

CENTRAL PARK

Verdes y negras espesuras, parajes pelados,
río vegetal en sí mismo anudado:
entre plomizos edificios trascurre sin moverse
y allá, donde la misma luz se vuelve duda
y la piedra quiere ser sombra, se disipa.
Don't cross Central Park at night.

the things hear them talking, and take fright at the sound,
they were born mute, and now they sing and laugh,
they were paralytic, and now they dance,
the wind joins them and separates and joins them,
plays with them, unmakes and remakes them,
invents other things, never seen nor heard,
their unions and disjunctions
are clusters of tangible enigmas,
strange and changing forms of passion,
constellations of desire, rage, love,
figures of encounters and goodbyes.

The landscape opens its eyes and sits up,
sets out walking followed by its shadow,
it is a stela of dark murmurs
that are the languages of fallen matter,
the wind stops and hears the clamor of the elements,
sand and water talking in low voices,
the howl of pilings as they battle the salt,
the rash confidence of fire,
the soliloquy of ashes,
the interminable conversation of the universe.
Talking with the things and with ourselves
the universe talks to itself:
we are its tongue and ears, its words and silences.
The wind hears what the universe says
and we hear what the wind says,
rustling the submarine foliage of language,
the secret vegetation of the underworld and the undersky:
man dreams the dream of things,
time thinks the dreams of men.

CENTRAL PARK

Green and black thickets, bare spots,
leafy river knotting into itself:
it runs motionless through the leaden buildings
and there, where light turns to doubt
and stone wants to be shadow, it vanishes.
Don't cross Central Park at night.

Cae el día, la noche se enciende,
Alechinsky traza un rectángulo imantado,
trampa de líneas, corral de tinta:
adentro hay una bestia caída,
dos ojos y una rabia enroscada.
Don't cross Central Park at night.

No hay puertas de entrada y salida,
encerrada en un anillo de luz
la bestia de yerba duerme con los ojos abiertos,
la luna desentierra navajas,
el agua de la sombra se ha vuelto un fuego verde.
Don't cross Central Park at night.

No hay puertas de entrada pero todos,
en mitad de la frase colgada del teléfono,
de lo alto del chorro del silencio o de la risa,
de la jaula de vidrio del ojo que nos mira,
todos, vamos cayendo en el espejo.
Don't cross Central Park at night.

El espejo es de piedra y la piedra ya es sombra,
hay dos ojos del color de la cólera,
un anillo de frío, un cinturón de sangre,
hay el viento que esparce los reflejos
de Alicia desmembrada en el estanque.
Don't cross Central Park at night.

Abre los ojos: ya estás adentro de ti mismo,
en un barco de monosílabos navegas
por el estanque-espejo y desembarcas
en el muelle de Cobra: es un taxi amarillo
que te lleva al país de las llamas
a través de Central Park en la noche.

Day falls, night flares up,
Alechinsky draws a magnetic rectangle,
a trap of lines, a corral of ink:
inside there is a fallen beast,
two eyes and a twisting rage.
Don't cross Central Park at night.

There are no exits or entrances,
enclosed in a ring of light
the grass beast sleeps with eyes open,
the moon exhumes razors,
the water in the shadows has become green fire.
Don't cross Central Park at night.

There are no entrances but everyone,
in the middle of a phrase dangling from the telephone,
from the top of the fountain of silence or laughter,
from the glass cage of the eye that watches us,
everyone, all of us are falling in the mirror.
Don't cross Central Park at night.

The mirror is made of stone and the stone now is shadow,
there are two eyes the color of anger,
a ring of cold, a belt of blood,
there is a wind that scatters the reflections
of Alice, dismembered in the pond.
Don't cross Central Park at night.

Open your eyes: now you are inside yourself,
you sail in a boat of monosyllables
across the mirror-pond, you disembark
at the Cobra dock: it is a yellow taxi
that carries you to the land of flames
across Central Park at night.

PARAJE

A Denise Esteban

El camino sin nombre,
                            sin nadie,
fluye entre peñas desgastadas,
dados de esa partida inmemorial
que juegan sin cesar los elementos,
prosigue por un llano,
                            cada paso
una leyenda de la geología,
se pierde en una duna de reflejos
que no es agua ni arena sino tiempo.
Hay un árbol rosado, yerbas negras,
sal en las yemas de la luz.
                            El camino
lleva al sol en los hombros.
El cielo ha acumulado lejanías
sobre esta realidad que dura poco.
Un charco: surtidor de resplandores.
Ojos por todas partes.
La hora se detiene
para verse pasar entre unas piedras.
El camino no acaba de llegar.

CUATRO CHOPOS

Como tras de sí misma va esta línea
por los horizontales confines persiguiéndose
y en el poniente siempre fugitivo
en que se busca se disipa

—como esta misma línea
por la mirada levantada
vuelve todas sus letras
una columna diáfana
resuelta en una no tocada
ni oída ni gustada mas pensada
flor de vocales y de consonantes

PLACE
for Denise Esteban

The road with no name,
                    no people,
flows past weathered rocks,
dice from that ancient game
the elements endlessly play,
it goes on through a plain,
                    each step
a legend from geology,
and is lost in a dune of reflections,
not water or sand, but time.
A crimson tree, black grass,
salt on the first shoots of light.
                    The road
carries the sun on its back.
The sky has piled distances
over this reality that will barely last.
A puddle: fountain of splendor.
Eyes everywhere.
The hour pauses
to watch itself pass between a few stones.
The road never stops arriving.

FOUR POPLARS

As if it were behind itself this line runs
chasing itself through the horizontal confines
west, forever fugitive
where it tracks itself it scatters

—as this same line
raised in a glance
transforms all of its letters
into a diaphanous column
breaking into an untouched
unheard, untasted, yet imagined
flower of vowels and consonants

—como esta línea que no acaba de escribirse
y antes de consumarse se incorpora
sin cesar de fluír pero hacia arriba:

los cuatro chopos.

       Aspirados
por la altura vacía y allá abajo,
en un charco hecho cielo, duplicados,
los cuatro son un solo chopo
y son ninguno.

       Atrás, frondas en llamas
que se apagan—la tarde a la deriva—
otros chopos ya andrajos espectrales
interminablemente ondulan
interminablemente inmóviles.

El amarillo se desliza al rosa,
se insinúa la noche en el violeta.

Entre el cielo y el agua
hay una franja azul y verde:
sol y plantas acuáticas,
caligrafía llameante
escrita por el viento.
Es un reflejo suspendido en otro.

Tránsitos: parpadeos del instante.
El mundo pierde cuerpo,
es una aparición, es cuatro chopos,
cuatro moradas melodías.

Frágiles ramas trepan por los troncos.
Son un poco de luz y otro poco de viento.
Vaivén inmóvil. Con los ojos
las oigo murmurar palabras de aire.

El silencio se va con el arroyo,
regresa con el cielo.

—as this line that never stops writing itself
and before completion gathers itself
never ceasing to flow, but flowing upward:

the four poplars.

          Drawing breath
from the empty heights and there below,
doubled in a pond turned sky,
the four are a single poplar
and are none.

          Behind, a flaming foliage
dies out—the afternoon's adrift—
other poplars, now ghostly tatters,
interminably undulate,
interminably keep still.

Yellow slips into pink,
night insinuates itself in the violet.

Between the sky and the water
there is a blue and green band:
sun and aquatic plants,
a calligraphy of flames
written by the wind.
It is a reflection suspended in another.

Passages: a moment's blink.
The world loses shape,
it is an apparition, it is four poplars,
four purple melodies.

Fragile branches creep up the trunks.
They are a bit of light and a bit of wind.
A motionless shimmer. With my eyes
I hear them murmur words of air.

Silence runs off with the creek,
comes back with the sky.

Es real lo que veo:
cuatro chopos sin peso
plantados sobre un vértigo.
Una fijeza que se precipita
hacia abajo, hacia arriba,
hacia el agua del cielo del remanso
en un esbelto afán sin desenlace
mientras el mundo zarpa hacia lo obscuro.

Latir de claridades últimas:
quince minutos sitiados
que ve Claudio Monet desde una barca.

En el agua se abisma el cielo,
en sí misma se anega el agua,
el chopo es un disparo cárdeno:
este mundo no es sólido.

Entre ser y no ser la yerba titubea,
los elementos se aligeran,
los contornos se esfuman,
visos, reflejos, reverberaciones,
centellear de formas y presencias,
niebla de imágenes, eclipses,
esto que veo somos: espejeos.

LA CASA DE LA MIRADA
A Roberto Matta

Caminas adentro de ti mismo, y el tenue reflejo serpeante que te conduce
no es la última mirada de tus ojos al cerrarse ni es el sol tímido golpeando tus párpados:
es un arroyo secreto, no de agua sino de latidos: llamadas, respuestas, llamadas,
hilo de claridades entre las altas yerbas y las bestias agazapadas de la conciencia a obscuras.

What I see is real:
four weightless poplars
planted in vertigo.
Fixed points that rush
down, rush up,
rush to the water of the sky of the marsh
in a wispy, tenuous travail
while the world sails into darkness.

Pulse-beat of last light:
fifteen beleaguered minutes
Claude Monet watches from a boat.

The sky immerses itself in the water,
the water drowns,
the poplar is an opal thrust:
this world is not solid.

Between being and non-being the grass wavers,
the elements become lighter,
outlines shade over,
glimmers, reflections, reverberations,
flashes of forms and presences,
image mist, eclipse:
what I see, we are: mirages.

THE HOUSE OF GLANCES
for Roberto Matta

You walk inside yourself, and the tenuous, meandering reflection that guides you
is not the last glance of your eyes before closing, nor the timid sun that beats at your lids:
it is a secret stream, not of water but of pulse-beats: calls and answers and calls,
a thread of clarities among the tall grasses and the beasts of the mind that crouch in the darkness.

Sigues el rumor de tu sangre por el país desconocido que inventan tus ojos

y subes por una escalera de vidrio y agua hasta una terraza.

Hecha de la misma materia impalpable de los ecos y los tintineos,

la terraza, suspendida en el aire, es un cuadrilátero de luz, un ring magnético

que se enrolla en sí mismo, se levanta, anda y se planta en el circo del ojo,

geiser lunar, tallo de vapor, follaje de chispas, gran árbol que se enciende y apaga y enciende:

estás en el interior de los reflejos, estás en la casa de la mirada,

has cerrado los ojos y entras y sales de ti mismo a ti mismo por un puente de latidos:

EL CORAZÓN ES UN OJO.

Estás en la casa de la mirada, los espejos han escondido todos sus espectros,

no hay nadie ni hay nada que ver, las cosas han abandonado sus cuerpos,

no son cosas, no son ideas: son disparos verdes, rojos, amarillos, azules,

enjambres que giran y giran, espirales de legiones desencarnadas,

torbellino de las formas que todavía no alcanzan su forma,

tu mirada es la hélice que impulsa y revuelve las muchedumbres incorpóreas,

tu mirada es la idea fija que taladra el tiempo, las estatua inmóvil en la plaza del insomnio,

tu mirada teje y desteje los hilos de la trama del espacio,

tu mirada frota una idea contra otra y enciende una lámpara en la iglesia de tu cráneo,

pasaje de la enunciación a la anunciación, de la concepción a la asunción,

el ojo es una mano, la mano tiene cinco ojos, la mirada tiene dos manos,

estamos en la casa de la mirada y no hay nada que ver, hay que poblar otra vez la casa del ojo,

hay que poblar el mundo con ojos, hay que ser fieles a la vista, hay que CREAR PARA VER.

La idea fija taladra cada minuto, el pensamiento teje y desteje la trama,

You follow the murmur of your blood through the unknown territory
your eyes invent,

and you climb a stairway of glass and water, up to a terrace.

Made of the same intangible material as echoes and clanging,

the terrace, suspended in air, is a rectangle of light, a magnetic ring

that wraps around itself, rises, walks, and plants itself in the circus of
the eye,

a lunar geyser, a stalk of steam, a foliage of sparks, a great tree that
lights up, goes out, lights up:

you are in the interior of the reflections, you are in the house of
glances,

you have closed your eyes, and you enter and leave from yourself to
yourself on a bridge of pulse-beats:

THE HEART IS AN EYE.

You are in the house of glances, the mirrors have hidden all their
ghosts,

there's nobody there and there's nothing to see, things have aban-
doned their bodies,

they are not things, they're not ideas: they're shots of green and red
and yellow and blue,

swarms turning and turning, spirals of fleshless legions,

a whirlwind of forms that still have yet to find their form,

your glance is the propeller that spins and drives the ghostly mobs,

your glance is the fixed idea that drills through time, the motionless
statue in the plaza of insomnia,

your glance weaves and unweaves the threads of the fabric of space,

your glance rubs one idea against another and lights a lamp in the
church of your skull,

a passage from enunciation to the annunciation, from conception to
the assumption,

your eye is a hand, your hand has five eyes, your glance has two
hands,

we are in the house of glances and there's nothing to see, we must
repopulate the house of the eye,

we must populate the world with eyes, we must be loyal to sight, we
must

CREATE IN ORDER TO SEE.

The fixed idea drills through each minute, thought weaves and un-
weaves the fabric,

vas y vienes entre el infinito de afuera y tu propio infinito,

eres un hilo de la trama y un latido del minuto, el ojo que taladra y el ojo tejedor,

al entrar en ti mismo no sales del mundo, hay ríos y volcanes en tu cuerpo, planetas y hormigas,

en tu sangre navegan imperios, turbinas, bibliotecas, jardines,

también hay animales, plantas, seres de otros mundos, las galaxias circulan en tus neuronas,

al entrar en ti mismo entras en este mundo y en los otros mundos,

entras en lo que vio el astrónomo en su telescopio, el matemático en sus ecuaciones:

el desorden y la simetría, el accidente y las rimas, las duplicaciones y las mutaciones,

el mal de San Vito del átomo y sus partículas, las células reincidentes, las inscripciones estelares.

Afuera es adentro, caminamos por donde nunca hemos estado,

el lugar del encuentro entre esto y aquello está aquí mismo y ahora,

somos la intersección, la X, el aspa maravillosa que nos multiplica y nos interroga,

el aspa que al girar dibuja el cero, ideograma del mundo y de cada uno de nosotros.

Como el cuerpo astral de Bruno y Cornelio Agripa, como los *grandes transparentes* de André Breton,

vehículos de materia sutil, cables entre éste y aquel lado,

los hombres somos la bisagra entre el aquí y el allá, el signo doble y uno, V y Λ,

pirámides superpuestas unidas en un ángulo para formar la X de la Cruz,

cielo y tierra, aire y agua, llanura y monte, lago y volcán, hombre y mujer,

el mapa del cielo se refleja en el espejo de la música,

donde el ojo se anula nacen mundos:

LA PINTURA TIENE UN PIE EN LA ARQUITECTURA Y OTRO EN EL SUEÑO.

La tierra es un hombre, dijiste, pero el hombre no es la tierra,

el hombre no es este mundo ni los otros mundos que hay en este mundo y en los otros,

el hombre es el momento en que la tierra duda de ser tierra y el mundo de ser mundo,

you come and go between the infinity outside and your own infinity,

you are a thread of the fabric and a pulse-beat of the minute, the eye that drills and the weaver eye,

entering yourself you're not leaving the world, there are rivers and volcanoes inside your body, planets and ants,

empires, turbines, libraries, gardens sail through your blood,

there are animals, plants, beings from other worlds, galaxies wheel through your neurons,

entering yourself you enter this world and the other worlds,

you enter what the astronomer saw in his telescope, the mathematician in his equations:

disorder and symmetry, accidents and rhymes, duplications and mutations,

the St. Vitus dance of the atom and its particles, the cells reproducing, the stellar inscriptions.

Outside is within, we are walking where we've never been,

the meeting-place of this and that, that is right here and now,

we are the crossroads, the X, the marvelous windmill that multiplies us and questions us,

the windmill that turning draws a zero, ideogram of the world and of each one of us.

Like the astral body of Bruno and Cornelius Agrippa, like the *grandes transparentes* of André Breton,

vehicles of subtle matter, cables between this and that side,

we are the hinge between here and there, the double sign and one,
V and Λ,

superimposed pyramids that join to form the X of the Cross,

sky and earth, air and water, plain and mountain, lake and volcano, man and woman,

the map of the sky is reflected in the mirror of music,

where the eye is erased worlds are born:

PAINTING HAS ONE FOOT IN ARCHITECTURE AND THE OTHER IN DREAMS.

The earth is a man, you said, but man is not the earth,

man is not this world nor the other worlds there are in this world and in the others,

man is the moment in which the earth doubts that it is earth, the world that it is the world,

el hombre es la boca que empaña el espejo de las semejanzas y las analogías,

el animal que sabe decir *no* y así inventa nuevas semejanzas y dice *sí*,

el equilibrista vendado que baila sobre la cuerda floja de una sonrisa,

el espejo universal que refleja otro mundo al repetir a éste, el que transfigura lo que copia,

el hombre no es el que es, célula o dios, sino el que está siempre más allá.

Nuestras pasiones no son los ayuntamientos de las substancias ciegas pero los combates y los abrazos de los elementos riman con nuestros deseos y apetitos,

pintar es buscar la rima secreta, dibujar el eco, pintar el eslabón:

El Vértigo de Eros es el vahído de la rosa al mecerse sobre el osario,

la aparición de la aleta del pez al caer la noche en el mar es el centelleo de la idea,

tú has pintado al amor tras una cortina de agua llameante PARA CUBRIR LA TIERRA CON UN NUEVO ROCIO.

En el espejo de la música las constelaciones se miran antes de disiparse,

el espejo se abisma en sí mismo anegado de claridad hasta anularse en un reflejo,

los espacios fluyen y se despeñan bajo la mirada del tiempo petrificado,

las presencias son llamas, las llamas son tigres, los tigres se han vuelto olas,

cascada de transfiguraciones, cascada de repeticiones, trampas del tiempo:

hay que darle su ración de lumbre a la naturaleza hambrienta,

hay que agitar la sonaja de las rimas para engañar al tiempo y despertar al alma,

hay que plantar ojos en la plaza, hay que regar los parques con risa solar y lunar,

hay que aprender la tonada de Adán, el solo de la flauta del fémur,

hay que construir sobre este espacio inestable la casa de la mirada,

la casa de aire y de agua donde la música duerme, el fuego vela y pinta el poeta.

man is the mouth that fogs the mirror of likenesses and analogies,

the animal that knows how to say *no* and thus invents new likenesses and says *yes*,

the blindfolded equilibrist who dances on the tightrope of a smile,

the universal mirror that repeating this world reflects another, that transforms what it copies,

man is not what he is, cells or god, but that which is always further off.

Our passions are not the unions of blind matter,

the battles and embraces of the elements rhyme with our desires and appetites,

to paint is to search for the secret rhyme, to sketch the echo, to paint the link:

The Vertigo of Eros is the dizziness of the rose rocking over the ossuary,

the vision of a fish's fin as night falls in the sea is the sparkle of an idea,

you have painted love behind a curtain of flaming water

TO COVER
THE EARTH WITH A NEW MIST.

In the mirror of music the constellations look at themselves before scattering,

the mirror sinks into itself, drowned in clarity until it is erased in a reflection,

spaces flow and hurl down under the glance of petrified time,

presences are flames, flames are tigers, the tigers have turned to waves,

a waterfall of transfigurations, a waterfall of repetitions, traps of time: we must give hungry nature its ration of light,

we must shake the rattle of rhyme to deceive time and wake the soul,

we must plant eyes in the plaza, we must water the parks with solar and lunar laughter,

we must learn the song of Adam, the solo for a flute made from a femur,

we must construct the house of glances over this dubious place,

the house of air and water where music sleeps, fire keeps watch, and the poet paints.

ÁRBOL ADENTRO

Creció en mi frente un árbol,
Creció hacia dentro.
Sus raíces son venas,
nervios sus ramas,
sus confusos follajes pensamientos.
Tus miradas lo encienden
y sus frutos de sombra
son naranjas de sangre,
son granadas de lumbre.
Amanece
en la noche del cuerpo.
Allá adentro, en mi frente,
el árbol habla.
Acércate, ¿lo oyes?

PRIMERO DE ENERO

Las puertas del año se abren,
como las del lenguaje,
hacia lo desconocido.
Anoche me dijiste:
mañana
habrá que trazar unos signos,
dibujar un paisaje, tejer una trama
sobre la doble página
del papel y del día.
Mañana habrá que inventar,
de nuevo,
la realidad de este mundo.

Ya tarde abrí los ojos.
Por el segundo de un segundo

A TREE WITHIN

A tree grew inside my head.
A tree grew in.
Its roots are veins,
its branches nerves,
thoughts its tangled foliage.
Your glance sets it on fire,
and its fruits of shade
are blood oranges
and pomegranates of flame.
                              Day breaks
in the body's night.
There, within, inside my head,
the tree speaks.
                    Come closer—can you hear it?

JANUARY FIRST

The doors of the year open,
like the doors of language,
onto the unknown.
Last night you said:
                        tomorrow
we must draw signs,
sketch a landscape, hatch a plot
on the unfolded page
of paper and the day.
Tomorrow we must invent,
anew,
the reality of this world.

When I opened my eyes it was late.
For a second of a second

sentí lo que el azteca,
acechando
desde el peñón del promontorio,
por las rendijas de los horizontes,
el incierto regreso del tiempo.

No, el año había regresado.
Llenaba todo el cuarto
y casi lo palpaban mis miradas.
El tiempo, sin nuestra ayuda,
había puesto,
en un orden idéntico al de ayer,
casas en la calle vacía,
nieve sobre las casas,
silencio sobre la nieve.

Tú estabas a mi lado,
aún dormida.
El día te había inventado
pero tú no aceptabas todavía
tu invención en este día.
Quizá tampoco la mía.
Tú estabas en otro día.

Estabas a mi lado
y yo te veía, como la nieve,
dormida entre las apariencias.
El tiempo, sin nuestra ayuda,
inventa casas, calles, árboles,
mujeres dormidas.

Cuando abras los ojos
caminaremos, de nuevo,
entre las horas y sus invenciones
y al demorarnos en las apariencias
daremos fe del tiempo y sus conjugaciones.
Abriremos las puertas de este día,
entraremos en lo desconocido.

I felt like the Aztec
on the rock-strewn peak,
watching
the cracks of horizons
for the uncertain return of time.

No, the year came back.
It filled the room,
and my glances could almost touch it.
Time, without our help,
had arranged
in the same order as yesterday,
the houses on the empty street,
the snow on the houses,
the silence on the snow.

You were beside me,
still sleeping.
The day had invented you,
but you hadn't yet accepted
your day's invention,
nor mine.
You were still in another day.

You were beside me,
and I saw you, like the snow,
asleep among the appearances.
Time, without our help,
invents houses, streets, trees,
sleeping women.

When you open your eyes
we'll walk, anew,
among the hours and their inventions,
and lingering among the appearances
we'll testify to time and its conjugations.
We'll open the doors of this day,
and go into the unknown.

ANTES DEL COMIENZO

Ruidos confusos, claridad incierta.
Otro día comienza.
Es un cuarto en penumbra
y dos cuerpos tendidos.
En mi frente me pierdo
por un llano sin nadie.
Ya las horas afilan sus navajas.
Pero a mi lado tú respiras;
entrañable y remota
fluyes y no te mueves.
Inaccesible si te pienso,
con los ojos te palpo,
te miro con las manos.
Los sueños nos separan
y la sangre nos junta:
somos un río de latidos.
Bajo tus párpados madura
la semilla del sol.
             El mundo
no es real todavía,
el tiempo duda:
                sólo es cierto
el calor de tu piel.
En tu respiración escucho
la marea del ser,
la sílaba olvidada del Comienzo.

LA GUERRA DE LA DRÍADA

o

Vuelve a ser eucalipto

El enorme perro abrió los ojos,
pegó un salto y arqueando el negro lomo,
bien plantado en sus cuatro patas,
aulló con un aullido inacabable:
¿que veía con seis ojos inyectados,
sus tres hocicos contra quien gruñían?

BEFORE THE BEGINNING

A confusion of sounds, an uncertain clarity.
Another day begins.
It is a room, half-lit,
and two bodies stretched out.
In my head I am lost
on a plain with no one.
The hours sharpen their blades.
But at my side, you are breathing;
buried deep, and remote,
you flow without moving.
Unreachable as I think of you,
touching you with my eyes,
watching you with my hands.
Dreams divide
and blood unites us:
we are a river of pulsebeats.
Under your eyelids the seed
of the sun ripens.
                    The world
is still not real;
time wonders:
                    all that is certain
is the heat of your skin.
In your breath I hear
the tide of being,
the forgotten syllable of the Beginning.

THE DRYAD WAR
or
Go Back to Being a Eucalyptus

The huge dog opened its eyes,
leapt up and, arching its black spine,
its four paws firmly planted,
howled an interminable howl:
what did it see with its six injected eyes?
at whom did its three snouts snarl?

veía una nube preñada de centellas,
veía un par de ojos, veía un gato montés,
el gato cayó sobre el perro,
el perro revolcó al gato,
el gato le sacó un ojo al perro,
el perro se volvió un ladrido de humo,
el humo subió al cielo,
el cielo se volvió tempestad,
la tempestad bajó armada de rayos,
el rayo incendió al gato montés,
las cenizas del gato se esparcieron
entre las cuatro esquinas del universo,
el cuarto se convirtió en Sahara,
sopló el simún y me abrasé en su vaho,
convoqué a los genios del agua,
el trueno rodó por la azotea,
se quebraron los cántaros de arriba,
llovió sin parar durante cuarenta relámpagos,
el agua llegó al cielo raso,
en el vértice de la cresta tu cama se bandeaba,
con las sábanas armaste un velamen,
de pie en la proa de tu esquife inestable
tirado por cuatro caballos de espuma y un águila,
una llama ondeante tu cabellera eléctrica,
levaste el ancla, capeaste el temporal
y te hiciste a la mar,
                              tu artillería
disparaba desde estribor,
desmantelaba mis premisas,
hacía añicos mis consiguientes,
tus espejos ustorios
incendiaban mis convicciones,
me replegué hacia la cocina,
rompí el cerco en el sótano,
escapé por una alcantarilla,
en el subsuelo hallé madrigueras,
el insomnio encendió su bujía,
su luz díscola iluminó mi noche,
inspiraciones, conspiraciones, inmolaciones,
con rabia verde, una llamita iracunda

it saw a cloud pregnant with flashes,
it saw a pair of eyes, and a wild cat,
the cat fell upon the dog,
the dog knocked down the cat,
the cat ripped an eye from the dog,
the dog turned into a woof of smoke,
the smoke rose to the sky,
the sky turned into a storm,
the storm came down armed with lightning,
the lightning incinerated the wild cat,
the ashes of the cat scattered
to the four corners of the universe,
the room became the Sahara,
the sirocco blew and withered me with heat,
I invoked the spirits of water,
thunder rolled on the rooftops,
the pitchers of the sky cracked open,
it rained without stopping for forty lightning bolts,
the water reached the ceiling,
your bed bobbed at the top of a wave,
with the sheets you rigged a set of sails,
standing on the prow of your tipsy skiff
drawn by an eagle and four horses of foam,
your electric hair a rippling flame,
you raised anchor, lay to the storm,
and set out to sea,
                    your cannons,
fired from starboard,
dismantled my premises,
shredded my guidelines,
your incendiary mirrors
cremated my convictions,
I retreated to the kitchen,
broke a grate in the cellar,
escaped through a drainpipe,
underground I found a burrow,
insomnia lit its candle,
its flickering filled my night,
inspirations, conspirations, immolations,
with green rage, a furious little flame

y el soplete de ¡me la pagarás!
forjé un puñal de misericordia,
me bañé en la sangre del dragón,
salté el foso, escalé las murallas,
aceché en el pasillo, abrí la puerta,
tú te mirabas en el espejo y sonreías,
al verme desapareciste en un destello,
corrí tras esa claridad desvanecida,
interrogué a la luna del armario,
estrujé las sombras de la cortina,
plantado en el centro de la ausencia
fui estatua en una plaza vacía,
fui palabra encerrada en un paréntesis,
fui aguja de un reloj parado,
me quedé con un puñado de ecos,
baile de sílabas fantasmas
en la cueva del cráneo,
reapareciste en un resplandor súbito,
llevabas en la mano derecha un sol diminuto,
en la izquierda un cometa de cauda granate,
los astros giraban y cantaban,
al volar dibujaban figuras,
se unían, separaban, unían,
eran dos y eran uno y eran ninguno,
el doble pájaro de lumbre
anidó en mis oídos,
quemó mis pensamientos, disipó mis memorias,
cantó en la jaula del cerebro
el solo del faro en la noche oceánica
y el himno nupcial de las ballenas,
el puñal floreció,
el perro de tres cabezas lamía tus pies,
el espejo era un arroyo detenido,
el gato pescaba imágenes en el arroyo,
tu reías en mitad de la pieza,
eras una columna de luz líquida,
Vuelve a ser eucalipto, dijiste,
el viento mecía mi follaje,
yo callaba y el viento hablaba,
murmullo de palabras que eran hojas,

and a blowpipe of "you will pay for this!"
I forged a dagger of final justice,
I bathed in dragon's blood,
I leapt from the hole, scaled the walls,
ducked down a corridor and opened the door,
you were watching in the mirror, laughing,
seeing me you disappeared with a flash,
I ran through that vanishing brilliance,
interrogating the moon in the closet,
punching the shadows in the curtains,
planted in the middle of nothing,
I was a statue in an empty square,
I was a word enclosed in parentheses,
I was a hand on a stopped clock,
I was left with a fistful of echoes,
a dance of phantom syllables
in the cave of my skull,
you reappeared in sudden splendor,
carrying a tiny sun in your right hand,
and in your left a comet with a garnet train,
the stars whirled and sang,
drawing figures as they flew by,
they joined and split and joined,
they were two and were one and were none,
the double bird of fire
nestled in my ear,
burning my thoughts, scattering my memories,
singing in the jail-cell of my brain
the solo for lighthouse in the oceanic night
and the wedding hymn of the whales,
the dagger flowered,
the three-headed dog licked your feet,
the mirror was a motionless stream,
the cat fished for images in the stream,
you laughed in the middle of the room,
you were a column of liquid light,
Go back to being a eucalyptus, you said,
the wind shook my branches,
I was silent and the wind spoke
a whisper of words that were leaves,

verdes chisporroteos, lenguas de agua,
tendida al pie del eucalipto
tú eras la fuente que reía,
vaivén de los ramajes sigilosos,
eras tú, era la brisa que volvía.

CANCIÓN DESENTONADA

non visto color de buen verdigay
nin trobo discor ni fago deslay
Juan Alfonso de Baena

El día es corto,
        larga la hora.
Sin moverme recorro sus pasillos,
subo por sus calvarios mínimos,
desciendo por peldaños hechos de aire,
me pierdo en galerías transparentes
—pero no me encuentro,
                pero no te veo.
El día es corto,
        larga la hora.
Veo a mi mano obstinada que escribe
palabras circulares en la página,
veo a mi sombra en la página, veo
mi caída en el centro vacío de esta hora
—pero no te encuentro,
                pero no me veo.

El día es corto,
        larga la hora.
El tiempo se arrastra, se esconde, se espía,
el tiempo se entierra, terrones de aire,
el tiempo rebrota, columna de aire,
me hiere en la frente, me rasga los párpados
—pero no me encuentro,
                pero no te veo.

crackles of green, tongues of water,
stretched out at the foot of the eucalyptus
you were the laughing fountain,
a swaying of secret branches,
you were you, the breeze that came back.

A SONG OUT OF TUNE

> non visto color de buen verdigay
> nin trobo discor ni fago deslay
> Juan Alfonso de Baena

The day is short,
            the hour long.
Motionless I retrace its steps,
climbing its minor calvaries,
I descend on stairs made of air,
and am lost in transparent galleries
—but I don't find me,
                  and I don't see you.

The day is short,
            the hour long.
I see my stubborn hand that writes
its circular words on the page,
I see my shadow on the page, I see
myself falling through the hour's blank center
—but I don't find you,
                  and I don't see me.

The day is short,
            the hour long.
Time drags on, hides, and peeks,
time is buried, clods of air,
time sprouts up, a column of air,
it bashes my forehead, scrapes my lids
—but I don't find me,
                  and I don't see you.

El día es corto,
                larga la hora.
Ando por baldíos, corredores, ecos,
te tocan mis manos y te desvaneces,
me miro en tus ojos y me desvanezco,
traza, borra, inventa reflejos la hora
—pero no te encuentro,
                        pero no me veo.

El día es corto,
                larga la hora.
Hay una semilla dormida en el tiempo,
estalla en el aire con ruido de sílabas,
es una palabra, dice sin decirlos
los nombres del tiempo, el tuyo y el mío,
—pero no me encuentro,
                        pero no te veo.

Los nombres son frutos, maduran y caen;
la hora es inmensa y en sí misma cae.

REGRESO

Bajo mis ojos te extendías,
país de dunas—ocres, claras.
El viento en busca de agua se detuvo,
país de fuentes y latidos.
Vasta como la noche,
cabías en la cuenca de mi mano.

Después, el despeñarse inmóvil
adentro afuera de nosotros mismos.
Comí tinieblas con los ojos,
bebí el agua del tiempo, bebí noche.
Palpé entonces el cuerpo de una música
oída con las yemas de mis dedos.

Juntos, barcas obscuras
a la sombra amarradas,

The day is short,
                        the hour long.
I walk through lots and corridors and echoes,
my hands touch you and you suddenly vanish,
I look in your eyes and suddenly vanish,
the hour traces, erases, invents its reflections
—but I don't find you,
                            and I don't see me.

The day is short,
                        the hour long.
There is a seed asleep in time,
that explodes in the air with a burst of syllables,
it is a word, and it speaks without speaking
the names of time, yours and mine,
—but I don't find me,
                            and I don't see you.

Names are fruit that ripen and fall;
the hour's immense, inside itself it falls.

RETURN

You spread out beneath my eyes,
a land of dunes—ocher, bright.
The wind in search of water stopped,
a land of heartbeats and fountains.
Vast as the night you fit
in the hollow of my hand.

Later, the motionless hurling down,
within and without ourselves.
With my eyes I ate darkness,
drank the water of time. I drank night.
Then I touched the body of a music
heard with the tips of my fingers.

Dark boats, together,
moored in the shadows,

nuestros cuerpos tendidos.
Las almas, desatadas,
lámparas navegantes
sobre el agua nocturna.

Abriste al fin los ojos.
Te mirabas mirada por mis ojos
y desde mi mirada te mirabas:
como el fruto en la yerba,
como la piedra en el estanque,
caías en ti misma.

Dentro de mi subía una marea
y con puño impalpable golpeaba
la puerta de tus párpados:
mi muerte, que quería conocerte,
mi muerte, que quería conocerse.
Me enterré en tu mirada.

* * *

Fluyen por las llanuras de la noche
nuestros cuerpos: son tiempo que se acaba,
presencia disipada en un abrazo;
pero son infinitos y al tocarlos
nos bañamos en ríos de latidos,
volvemos al perpetuo recomienzo.

PILARES

And whilst our souls negotiate there,
We like sepulchral statues lay . . .
John Donne

La plaza es diminuta.
Cuatro muros leprosos,
una fuente sin agua,
dos bancas de cemento
y fresnos malheridos.

our bodies reclined.
Our souls, unlashed,
lamps afloat
in the water of night.

In the end you opened your eyes.
You saw yourself seen by my eyes,
and from my eyes you saw yourself:
falling like a fruit on the grass,
like a stone in the pond,
you fell into yourself.

A tide rose within me,
with a weightless fist I beat
at the door of your lids:
my death wanted to meet you,
my death wanted to meet itself.
I was buried in your eyes.

* * *

Our bodies flow through the plains
of night: they are time wearing itself out,
a presence that dissolves in a caress;
yet they are infinite, to touch them
is to bathe in rivers of heartbeats
and return to the perpetual beginning anew.

PILLARS

And whilst our souls negotiate there,
We like sepulchral statues lay . . .
                              John Donne

The plaza is tiny.
Four leprous walls,
a fountain with no water,
two cement benches,
some injured ash trees.

El estruendo, remoto,
de ríos ciudadanos.
Indecisa y enorme,
rueda la noche y borra
graves arquitecturas.
Ya encendieron las lámparas.
En los golfos de sombra,
en esquinas y quicios,
brotan columnas vivas
e inmóviles: parejas.
Enlazadas y quietas,
entretejen murmullos:
pilares de latidos.

En el otro hemisferio
la noche es femenina,
abundante y acuática.
Hay islas que llamean
en las aguas del cielo.
Las hojas del banano
vuelven verde la sombra.
En mitad del espacio
ya somos, enlazados,
un árbol que respira.
Nuestros cuerpos se cubren
de una yedra de sílabas.

Follajes de rumores,
insomnio de los grillos
en la yerba dormida,
las estrellas se bañan
en un charco de ranas,
el verano acumula
allá arriba sus cántaros,
con manos invisibles
el aire abre una puerta.
Tu frente es la terraza
que prefiere la luna.

The distant commotion
of civic rivers.
Huge and uncertain,
night turns and covers
the solemn architecture.
They have lit the lights.
In the gulfs of shadow,
on corners, in doorways,
columns sprout, alive
and immobile: the couples.
Entwined and hushed,
weaving whispers,
pillars of heartbeats.

In the other hemisphere
night is feminine,
abundant and aquatic.
There are islands that blaze
in the waters of the sky.
The leaves of banana trees
turn shadows green.
In the middle of space,
we are still entwined,
a tree that breathes.
Our bodies are covered
with vines of syllables.

Foliage of murmurs,
crickets insomniac
in the sleeping grass,
the stars are swimming
in a pool of frogs,
summer collects
its pitchers in the sky,
with invisible hands
the air opens a door.
Your forehead's the terrace
the moon prefers.

El instante es inmenso,
el mundo ya es pequeño.
Yo me pierdo en tus ojos
y al perderme te miro
en mis ojos perdida.
Se quemaron los nombres,
nuestros cuerpos se han ido.
Estamos en el centro
imantado de ¿dónde?

Inmóviles parejas
en un parque de México
o en un jardín asiático:
bajo estrellas distintas
diarias eucaristías.
Por la escala del tacto
bajamos ascendemos
al arriba de abajo,
reino de las raíces,
república de alas.

Los cuerpos anudados
son *el libro del alma*:
con los ojos cerrados,
con mi tacto y mi lengua,
deletreo en tu cuerpo
la escritura del mundo.
Un saber ya sin nombres:
el sabor de esta tierra.

Breve luz suficiente
que ilumina y nos ciega
como el súbito brote
de la espiga y el semen.
Entre el fin y el comienzo
un instante sin tiempo
frágil arco de sangre,
puente sobre el vacío.
Al trabarse los cuerpos
un relámpago esculpen.

The moment's enormous,
the world is now small.
I am lost in your eyes,
and lost, I see you
lost in my eyes.
Our names have burned down,
our bodies have gone.
We are in the magnetic
center of—what?

Motionless couples
in a Mexican park,
or in a garden in Asia:
daily Eucharists
under their various stars.
On the ladder of touch
we climb and descend
from top to bottom,
kingdom of roots,
republic of wings.

Knotted bodies
are *the book of the soul*:
with eyes closed,
with my touch and my tongue,
I write out on your body
the scripture of the world.
A knowledge still nameless:
the taste of this earth.

Brief light yet sufficient
to light and blind us
like the sudden burst
of seedpod and semen.
Between the end and the beginning,
a moment without time,
a delicate arch of blood,
a bridge over the void.
Locked, two bodies
sculpt a bolt of lightning.

COMO QUIEN OYE LLOVER

Óyeme como quien oye llover,
ni atenta ni distraída,
pasos leves, llovizna,
agua que es aire, aire que es tiempo,
el día no acaba de irse,
la noche no llega todavía,
figuraciones de la niebla
al doblar la esquina,
figuraciones del tiempo
en el recodo de esta pausa,
óyeme como quien oye llover,
sin oírme, oyendo lo que digo
con los ojos abiertos hacia adentro,
dormida con los cinco sentidos despiertos,
llueve, pasos leves, rumor de sílabas,
aire y agua, palabras que no pesan:
lo que fuimos y somos,
los días y los años, este instante,
tiempo sin peso, pesadumbre enorme,
óyeme como quien oye llover,
relumbra el asfalto húmedo,
el vaho se levanta y camina,
la noche se abre y me mira,
eres tú y tu talle de vaho,
tú y tu cara de noche,
tú y tu pelo, lento relámpago,
cruzas la calle y entras en mi frente,
pasos de agua sobre mis párpados,
óyeme como quien oye llover,
el asfalto relumbra, tú cruzas la calle,
es la niebla errante en la noche,
es la noche dormida en tu cama,
es el oleaje de tu respiración,
tus dedos de agua mojan mi frente,
tus dedos de llama queman mis ojos,
tus dedos de aire abren los párpados del tiempo,
manar de apariciones y resurrecciones,
óyeme como quien oye llover,

AS ONE LISTENS TO THE RAIN

Listen to me as one listens to the rain,
not attentive, not distracted,
light footsteps, thin drizzle,
water that is air, air that is time,
the day is still leaving,
the night has yet to arrive,
figurations of mist
at the turn of the corner,
figurations of time
at the bend in this pause,
listen to me as one listens to the rain,
without listening, hear what I say
with eyes open inward, asleep
with all five senses awake,
it's raining, light footsteps, a murmur of syllables,
air and water, words with no weight:
what we were and are,
the days and years, this moment,
weightless time and heavy sorrow,
listen to me as one listens to the rain,
wet asphalt is shining,
steam rises and walks away,
night unfolds and looks at me,
you are you and your body of steam,
you and your face of night,
you and your hair, unhurried lightning,
you cross the street and enter my forehead,
footsteps of water across my eyes,
listen to me as one listens to the rain,
the asphalt's shining, you cross the street,
it is the mist, wandering in the night,
it is the night, asleep in your bed,
it is the surge of waves in your breath,
your fingers of water dampen my forehead,
your fingers of flame burn my eyes,
your fingers of air open eyelids of time,
a spring of visions and resurrections,
listen to me as one listens to the rain,

pasan los años, regresan los instantes,
¿oyes tus pasos en el cuarto vecino?
no aquí ni allá: los oyes
en otro tiempo que es ahora mismo,
oye los pasos del tiempo
inventor de lugares sin peso ni sitio,
oye la lluvia correr por la terraza,
la noche ya es más noche en la arboleda,
en los follajes ha anidado el rayo,
vago jardín a la deriva
—entra, tu sombra cubre esta página.

NOCHE, DÍA, NOCHE

1

Chorro de luz: un pájaro
cantando en la terraza.
En los valles y montes
de tu cuerpo amanece.

2

Fuego dormido en la noche,
agua que ríe despierta.

3

Bajo la mata de tu pelo
tu frente:
            glorieta,
claridad entre ramas.
Pienso en jardines:
¡ser viento que remueve tus memorias,
ser sol que se abre paso en tu espesura!

4

A los pies de la palma,
alta como un salvaje
ondeando verde contra el sol guerrero,
reposas.

the years go by, the moments return,
do you hear your footsteps in the next room?
not here, not there: you hear them
in another time that is now,
listen to the footsteps of time,
inventor of places with no weight, nowhere,
listen to the rain running over the terrace,
the night is now more night in the grove,
lightning has nestled among the leaves,
a restless garden adrift—go in,
your shadow covers this page.

NIGHT, DAY, NIGHT

1

Stream of light: a bird
singing on the terrace.
In the valleys and mountains
of your body it dawns.

2

Fire asleep in the night,
water that wakes laughing.

3

Under the leafy canopy of your hair,
your forehead:
              a bower,
a clarity among the branches.
I think about gardens:
to be the wind that shakes your memories,
to be the sun that clears through your thicket!

4

At the foot of the palm tree,
tall as a savage,
rippling green against the warrior sun,
you rest.

Un remanso
—agua en sombra—tu cuerpo.
Quietud. Palpita apenas
el vasto mediodía.
Entre tus piernas, terco, fluye el tiempo.

5

Una veta de sol, oro animado,
estrías, cruces, espirales,
verdes constelaciones:
el triangular insecto
entre las yerbas avanzaba
tres o cuatro milímetros por hora.
Por un instante lo tuviste
sobre la palma de tu mano
(donde el destino traza su arabesco secreto):
es una joya viva, una criatura
tal vez caída de Titania,
—y lo dejaste, reverente,
regresar al Gran Todo.

6

El día, flor extrema,
hora a hora se incendia.
Otra flor, negra, brota.
Imperceptiblemente
atraviesas la sombra
y entras, dama de noche.
Apenas oleaje,
aroma apenas, blanca,
te tiendes en mi cama.
Vuelves a ser mujer.

7

Llanuras de la sábana
y noche de los cuerpos,
marea del deseo
y gruta de los sueños.

Your body
a backwater in the shadows.
Stillness. Vast noon
barely throbs.
Between your legs time, stubborn, flows.

5

A vein of sun, living gold,
grooves, crosses, spirals,
green constellations:
the triangular insect
moves through the grass
at three or four millimeters an hour.
For an instant you held it
in the palm of your hand
(where fate traces its arabesque secrets):
it is a living jewel, a creature
fallen, perhaps, from Titania,
—and reverently you let it go,
back to the Great All.

6

The day, ultimate flower,
hour by hour it burns.
Another flower, black, sprouts.
Imperceptibly you cross
the shadows and enter,
lady of night.
Barely a wave,
barely aroma, white,
you stretch out on my bed.
And become a woman again.

7

Plain of sheets
and night of bodies,
tide of desire
and grotto of dreams.

8

Duerme bajo tus párpados
un impalpable pueblo:
ávidos torbellinos,
hijos del tacto, encarnan,
beben sangre, son formas
cambiantes del deseo
y son siempre la misma:
los rostros sucesivos
de la vida que es muerte,
de la muerte que es vida.

CARTA DE CREENCIA
Cantata

1

Entre la noche y el día
hay un territorio indeciso.
No es luz ni sombra:
                              es tiempo.
Hora, pausa precaria,
página que se obscurece,
página en la que escribo,
despacio, estas palabras.
                              La tarde
es una brasa que se consume.
El día gira y se deshoja.
Lima los confines de las cosas
un río obscuro.
                    Terco y suave
las arrastra, no sé adonde.
La realidad se aleja.
                              Yo escribo:
hablo conmigo
                    —hablo contigo.

Quisiera hablarte
como hablan ahora,
casi borrados por las sombras,
el arbolito y el aire;

8

An intangible village
sleeps under your eyelids:
avid whirlwinds,
children of touch become flesh,
drink blood, are the changing
forms of desire
and are always the same:
face after face
of the life that is death,
of the death that is life.

LETTER OF TESTIMONY
Cantata

1

There is an uncertain territory
between night and day.
It is neither light nor shadow:
                              it is time.
An hour, a precarious pause,
a darkening page,
a page where I write,
slowly, these words.
                    The afternoon
is an ember burning itself out.
The day turns, dropping its leaves.
A dark river files
at the edges of things.
                        Tranquil, persistent
it drags them along, I don't know where.
Reality drifts off.
                    I write:
I talk to myself
              —I talk to you.

I wanted to talk to you
as the air and this small tree
talk to each other,
nearly erased by the shadows;

como al agua corriente;
soliloquio sonámbulo;
como el charco callado,
reflector de instantáneos simulacros;
como el fuego:
lenguas de llama, baile de chispas,
cuentos de humo.
              Hablarte
con palabras visibles y palpables,
con peso, sabor y olor
como las cosas.
             Mientras lo digo
las cosas, imperceptiblemente,
se desprenden de si mismas
y se fugan hacia otras formas,
hacia otros nombres.
                Me quedan
estas palabras: con ellas te hablo.

Las palabras son puentes.
También son trampas, jaulas, pozos.
Yo te hablo: tú no me oyes.
No hablo contigo:
              hablo con una palabra.
Esa palabra eres tú,
             esa palabra
te lleva de tí misma a tí misma.
La hicimos tú, yo, el destino.
La mujer que eres
es la mujer a la que hablo:
estas palabras son tu espejo,
eres tú misma y el eco de tu nombre.
Yo también,
          al hablarte,
me vuelvo un murmullo,
aire y palabras, un soplo,
un fantasma que nace de estas letras.

Las palabras son puentes:
la sombra de las colinas de Meknès

nearly erased by the shadows;
like running water,
a sleepwalking soliloquy
like a still puddle,
that reflector of instantaneous shams;
like fire:
with tongues of flame, a dance of sparks,
tales of smoke.
                    To talk to you
with visible and palpable words,
words with weight, flavor and smell,
like things.
                    While I speak,
things imperceptibly
shake loose from themselves,
escaping toward other forms,
other names.
                    They leave me these words:
with them I talk to you.

Words are bridges.
And they are traps, jails, wells.
I talk to you: you do not hear me.
I don't talk with you:
                         I talk with a word.
That word is you,
                    that word
carries you from yourself to yourself.
You, I, and fate created it.
The woman you are
is the woman to whom I speak:
these words are your mirror,
you are yourself and the echo of your name.
I too,
         talking to you,
turn into a whisper,
air and words, a puff,
a ghost that rises from these letters.

Words are bridges:
the shadow of the hills of Meknès

sobre un campo de girasoles estáticos
es un golfo violeta.
Son las tres de la tarde,
tienes nueve años y te has adormecido
entre los brazos frescos de la rubia mimosa.
Enamorado de la geometría
un gavilán dibuja un círculo.
Tiembla en el horizonte
la mole cobriza de los cerros.
Entre peñascos vertiginosos
los cubos blancos de un poblado.
Una columna de humo sube del llano
y poco a poco se disipa, aire en el aire,
como el canto del muecín
que perfora el silencio, asciende y florece
en otro silencio.
                    Sol inmóvil,
inmenso espacio de alas abiertas;
sobre llanuras de reflejos
la sed levanta alminares transparentes.
Tú no estás dormida ni despierta:
tú flotas en un tiempo sin horas.
Un soplo apenas suscita
remotos países de menta y manantiales.
Déjate llevar por estas palabras
hacia tí misma.

                    2

Las palabras son inciertas
y dicen cosas inciertas.
Pero digan esto o aquello,
                              nos dicen.
Amor es una palabra equívoca,
como todas.
                    No es palabra,
dijo al Fundador:
                    es visión,
comienzo y corona
de la escala de la contemplación
—y el florentino:

over a field of static sunflowers
is a violet bay.
It is three in the afternoon,
you are nine years old and asleep
in the cool arms of a pale mimosa.
In love with geometry
a hawk draws a circle.
The soft copper of the mountains
trembles on the horizon.
The white cubes of a village
in the dizzying cliffs.
A column of smoke rises from the plain
and slowly scatters, air into the air,
like the song of the muezzin
that drills through the silence,
ascends and flowers
in another silence.
                              Motionless sun,
the enormous space of spread wings;
over the flat stretches of reflections
thirst raises transparent minarets.
You are neither asleep nor awake:
you float in a time without hours.
A breeze barely stirs
the distant lands of mint and fountains.
Let yourself be carried by these words
toward yourself.

                              2

Words are uncertain
and speak uncertain things.
But speaking this or that,
                         they speak us.
Love is an equivocal word,
like all words.
               It is not a word,
said the Founder:
                  it is a vision,
base and crown
of the ladder of contemplation
—and for the Florentine:

                        es un accidente
—y el otro:
                    no es la virtud
pero nace de aquello que es la perfección
—y los otros:
                        una fiebre, una dolencia,
un combate, un frenesí, un estupor,
una quimera.
                    El deseo lo inventa,
lo avivan los ayunos y las laceraciones,
los celos lo espolean,
la costumbre lo mata.
                            Un don,
una condena.
                        Furia, beatitud.
Es un nudo: vida y muerte.
                            Una llaga
que es rosa de resurrección.
Es una palabra:
                    al decirla, nos dice.

El amor comienza en el cuerpo
¿dónde termina?
                        Si es fantasma,
encarna en un cuerpo;
                            si es cuerpo,
al tocarlo se disipa.
                        Fatal espejo:
la imagen deseada se desvanece,
tú te ahogas en tus propios reflejos.
Festín de espectros.

Aparición:
                    el instante tiene cuerpo y ojos,
me mira.
                    Al fin la vida tiene cara y nombre.
Amar:
                hacer de un alma un cuerpo,
hacer de un cuerpo un alma,
hacer un tú de una presencia.

it is an accident
—and for the other:
it is no virtue
but it is born of that which is perfection
—and for the others:
a fever, an aching,
a struggle, a fury, a stupor,
a fancy.
Desire invents it,
mortifications and deprivations give it life,
jealousy spurs it on,
custom kills it.
A gift,
a sentence.
Rage, holiness.
It is a knot: life and death.
A wound
that is the rose of resurrection.
It is a word:
speaking it, we speak ourselves.

Love begins in the body
—where does it end?
If it is a ghost,
it is made flesh in a body:
if it is a body,
it vanishes at a touch.
Fatal mirror:
the desired image disappears,
you drown in your own reflections.
A shades' banquet.

Apparition:
the moment has eyes and a body,
it watches me.
In the end life has a face and a name.
To love:
to create a body from a soul,
to create a soul from a body,
to create a you from a presence.

Amar:
abrir la puerta prohibida,
pasaje
que nos lleva al otro lado del tiempo.
Instante:
reverso de la muerte:
nuestra frágil eternidad.

Amar es perderse en el tiempo,
ser espejo entre espejos.
Es idolatría:
endiosar una criatura
y a lo que es temporal llamar eterno.
Todas las formas de carne
son hijas del tiempo,
simulacros.
El tiempo es el mal,
el instante
es la caída;
amar es despeñarse:
caer interminablemente,
nuestra pareja
es nuestro abismo.
El abrazo:
jeroglífico de la destrucción.
Lascivia: máscara de la muerte.

Amar: una variación,
apenas un momento
en la historia de la célula primigenia
y sus divisiones incontables.
Eje
de la rotación de las generaciones.
Invención, transfiguración:
la muchacha convertida en fuente,
la cabellera en constelación,
en isla la mujer dormida.
La sangre:
música en el ramaje de las venas,
el tacto:
luz en la noche de los cuerpos.

To love:

to open the forbidden door,
                        the passageway
that takes us to the other side of time.
The moment:
            the opposite of death,
our fragile eternity.

To love is to lose oneself in time,
to be a mirror among mirrors.
                        It is idolatry:
to deify a creature
and to call eternal that which is worldly.
All of the forms of flesh
are daughters of time,
                        travesties.
Time is evil,
            the moment
is the Fall;
            to love is to hurl down:
interminably falling,
                        the coupled we
is our abyss.
            The caress:
hieroglyph of destruction.
Lust: the mask of death.

To love: a permutation,
                        barely an instant
in the history of primigenial cells
and their innumerable divisions.
                                Axis
of the rotation of the generations.
Invention, transfiguration:
the girl turns into a fountain,
her hair becomes a constellation,
a woman asleep an island.
                        Blood:
music in the branches of the veins,
                                touch:
light in the night of the bodies.

Transgresión
de la fatalidad natural,
bisagra
que enlaza destino y libertad,
pregunta
grabada en la frente del deseo:
¿accidente o predestinación?

Memoria, cicatríz:
—¿de dónde fuímos arrancados?,
cicatriz,
memoria, sed de presencia,
querencia
de la mitad perdida.
El Uno
es el prisionero de si mismo,
es,
solamente es,
no tiene memoria,
no tiene cicatriz:
amar es dos,
siempre dos,
abrazo y pelea,
dos es querer ser uno mismo
y ser el otro, la otra,
dos no reposa,
no está completo nunca,
gira
en torno de su sombra,
busca
lo que perdimos al nacer,
la cicatriz se abre:
fuente de visiones,
dos: arco sobre el vacío,
puente de vértigos,
dos:
espejo de las mutaciones.

3

Amor, isla sin horas,
isla rodeada de tiempo,

                                   Transgression
of nature's fatality,
                         hinge
that links freedom and fate,
                                   question
engraved on the forehead of desire:
accident or predestination?

Memory, a scar:
—from where were we ripped out?
                                   a scar,
memory, the thirst for presence,
                                   an attachment
to the lost half.
                  The One
is the prisoner of itself,
                         it is,
it only is,
            it has no memory,
it has no scars:
                  to love is two,
always two,
            embrace and struggle,
two is the longing to be one,
and to be the other, male or female,
                              two knows no rest,
it is never complete,
                  it whirls
around its own shadow,
                         searching
for what we lost at birth,
the scar opens:
                  fountain of visions,
two: arch over the void,
bridge of vertigoes,
                  two:
mirror of mutations.

                        3

Love, timeless island,
island surrounded by time,

                              claridad
sitiada de noche.
                    Caer
es regresar,
              caer es subir.
Amar es tener ojos en las yemas,
palpar el nudo en que se anudan
quietud y movimiento.
                          El arte de amar
¿es arte de morir?
                    Amar
es morir y revivir y remorir:
es la vivacidad.
                    Te quiero
porque yo soy mortal
y tú lo eres.
                    El placer hiere,
la herida florece.
En el jardín de las caricias
corté la flor de sangre
para adornar tu pelo.
La flor se volvió palabra.
La palabra arde en mi memoria.
Amor:
          reconciliación con el Gran Todo
y con los otros,
                    los diminutos todos
innumerables.
                    Volver al día del comienzo.
Al día de hoy.

La tarde se ha ido a pique.
Lámparas y reflectores
perforan la noche.
                    Yo escribo:
hablo contigo:
                    hablo conmigo.
Con palabras de agua, llama, aire y tierra
inventamos el jardín de las miradas.

                clarity
besieged by night.
             To fall
is to return,
            to fall is to rise.
To live is to have eyes in one's fingertips,
to touch the knot tied
by stillness and motion.
                 The art of love
—is it the art of dying?
              To love
is to die and live again and die again:
it is liveliness.
           I love you
because I am mortal
and you are.
           Pleasure wounds,
the wound flowers.
In the garden of caresses
I clipped the flower of blood
to adorn your hair.
The flower became a word.
The word burns in my memory.
Love:
      reconciliation with the Great All
and with the others,
               the small and endless
all.
   To return to the day of origin.
The day that is today.

The afternoon founders.
Lamps and headlights
drill through the night.
           I write:
I talk to you:
        I talk to me.
With words of water, fire, air, and earth
we invent the garden of glances.

Miranda y Ferdinand se miran,
interminablemente, en los ojos
—hasta petrificarse.

              Una manera de morir
como las otras.

         En la altura
las constelaciones escriben siempre
la misma palabra;

             nosotros,
aquí abajo, escribimos
nuestros nombres mortales.

            La pareja
es pareja porque no tiene Edén.
Somos los expulsados del Jardín,
estamos condenados a inventarlo
y cultivar sus flores delirantes,
joyas vivas que cortamos
para adornar un cuello.

            Estamos condenados
a dejar el Jardín:

           delante de nosotros
está el mundo.

Coda

Tal vez amar es aprender
a caminar por este mundo.
Aprender a quedarnos quietos
como el tilo y la encina de la fábula.
Aprender a mirar.
Tu mirada es sembradora.
Plantó un árbol.

         Yo hablo
porque tú meces los follajes.

Miranda and Ferdinand gaze forever
into each other's eyes
until they turn to stone.
                        A way of dying
like others.
            High above
the constellations always write
the same word;
            we,
here below, write
our mortal names.
                The couple
is a couple because it has no Eden.
We are exiles from the Garden,
we are condemned to invent it,
to nurture our delirious flowers,
living jewels we clip
to adorn a throat.
                We are condemned
to leave the Garden behind:
                        before us
is the world.

Coda

Perhaps to love is to learn
to walk through this world.
To learn to be silent
like the oak and the linden of the fable.
To learn to see.
Your glance scatters seeds.
It planted a tree.
            I talk
because you shake its leaves.

Author's Notes

These notes, written in the margins, are expendable. They are neither commentaries nor explications. In general, the poems do not need interpretation; or rather, the interpretation of a poem should be made by its reader, not its author. Yet it seems to me useful to include these notes. Useful and, in certain cases, interesting. I have always believed in Goethe's maxim: all poems are occasional, the products of circumstance. Every poem is a response to an exterior or interior stimulus. The circumstance is that which surrounds us and which, whether as obstacle or spur, is the origin of the poem, the accident that provokes its appearance. But the circumstances are neither explanations nor substitutes for the poems, they are autonomous realities. Poems are born from a circumstance and yet, as soon as they are born, they free themselves and take on a life of their own. In poetry the mystery of human freedom unfolds: accidents, circumstances, are transformed into a work. For this reason, notes are expendable.

Some poets have preferred to insert their poems into a narrative: in those works the prose sustains the poetry as naturally as the earth sustains a tree. The true circumstance is thus transformed into a literary context in which the poem is set. These circumstances may be allegorical, like those employed by Dante in the *Vita Nuova*, or episodic, like the series of incidents and landscapes of Basho's *Narrow Roads* and other travel books. They are quite different books, yet both respond to an idea that seems to me true: every book of poems is essentially a diary . . . My intentions are less ambitious: to bring the texts closer to the reader.

BETWEEN WHAT I SEE AND WHAT I SAY
The poem was written for a memorial to Roman Jakobson (1896–1982) at the Massachusetts Institute of Technology.

BASHO AN
In about 1670 Matsuo Basho traveled on foot through the mountains and valleys surrounding Kyoto, composing poems. He stayed for a short while in a tiny hut next to the Kompukuji temple. In memory of the poet they have named the hut Basho-An. In 1760 another poet and painter, Yosa Buson, visited the same places and discovered the ruins of Basho's cabin. He moved nearby and, with the help of three disciples, rebuilt the hut. Buson died in 1783. His tomb was erected there, as were the tombs of other of his poet-disciples. In 1984 my wife and I visited Basho-An, a place as solitary now as it was 300 years ago.

QUARTET

Each does but hate his neighbor . . . : Alexander Pope, "Epistle III, to Allen Lord Bathurst."

PROOF

Dharmakirti, the strict Buddhist logician of the 7th century, was also the author of a number of erotic poems that were collected in *Vidyakara's Treasury*. The combination is less strange than it might seem: in India nearly all the important philosophers were also poets. The philosopher Dharmakirti reduced all reasoning to absurdity; in this poem, the poet Dharmakirti, before the body of a woman, reduces the dialectic to absurdity. The body the poet exalts is another proof—living logic—of universal negation.

ON THE WING (2)

Hypatia: In the "Response to Sor Filotea de la Cruz" there is a long passage in which Sor Juana, defending herself against those who disapproved of her dedication to secular literature and the sciences, enumerates many "learned women who were celebrated and venerated in Antiquity as such." Some are Christians, like "the Egyptian Catherine," others not. Among the "great crowd" of these others, she cites a fellow countrywoman of Saint Catherine: "one Hypasia who taught astrology and studied for a long time in Alexandria." In my book on Sor Juana I note that her case bears certain similarities to that of Hypatia (Hypasia): "both were of noble birth, brilliant and beautiful, and both were persecuted by intolerant prelates, although those of Alexandria were more barbaric and cruel."

The daughter of the mathematician Theon, the young Hypatia taught philosophy in the academy of Alexandria and wrote various treatises on mathematics and astronomy, all now lost. The patriarch of the city, St. Cyril, was a seditious theologian whose voice, says Gibbon, "inflamed the passions of the multitudes: his commands were blindly obeyed by these numerous and fanatical *parabolani*, who were accustomed in their daily functions to scenes of death." As it frequently happens in the history of ideological persecutions, the other Christian sects, particularly the Nestorians, were the first victims of Cyril and his bands of fanatical monks. Of course the Jews and pagans were also objects of his hatred. He succeeded in expelling the Jews from the city, having leveled and sacked the synagogues; the pagans, more numerous, resisted for a longer time, but in the end were annihilated. In one of those riots, in March of 415, a band of Christian monks, led by one Peter the Reader, attacked Hypatia's carriage, killed the driver, and set the horses free. The monks grabbed the young woman, tore off her clothes, and carried her to the church, where she was quartered. An atrocious detail: the murderers used sharpened oyster shells to rip apart her body. This crime precipitated the end of Alexandrian culture. The effect of Hypatia's death was widespread: it is evident in the letters of her disciple, Synesius of Cyrene, and in a poem by Palladas (*Palatine Anthology*, IX, 400). In modern times, Gibbon has an eloquent and emotional passage about her, Kingsley wrote a sentimental novel

based on her life, Lecomte de Lisle exalted her memory in two poems, and Charles Peguy celebrated her in some enthusiastic pages.

In a note to the section of my *Sor Juana Inés de la Cruz or the Traps of Faith* that deals with Hypatia, I published an adaptation of Palladas' poem. That version became the starting-point for a new text, a four-line poem that is more than a translation and less than an original composition. The Greek poem reads, in a literal prose translation. "When I look at you and listen to your words, I worship you as I contemplate the Virgin in her house of stars. You are, august Hypatia, the pride of words and the immaculate star of wisdom."

BY THE STREAM

Hsieh Ling-yün (385–433) lived in the era known in the official chronologies as the Six Dynasties (220–589). It was a rich and unfortunate time: civil wars, foreign occupations, brilliant and cruel generals, tyrannies, popular revolts, palace murders, intrigues, philosophical and moral debates, apogee of the mystical doctrine of nihilism (the Taoist non-action: *wuwei*), ascetics, libertines and great poets like T'ao Ch'ien (T'ao Yuan-ming, 365–427). Landscape poetry (poems of "mountains and rivers") was born at that time. Its originator was Hsieh Ling-yün, at times a potentate and at others a hermit, a revolutionary politician and a notable calligrapher, a devout Buddhist and a notorious sybarite, a painter by affection and a poet by fate. He epitomizes those terrible years in which, as a popular poem said:

> man, that poor insect,
> barely breathes for fear of death,
> and dies on the side of the road
> and nobody gathers his bones . . .

and in which, at the same time, sensual pleasure was exalted in countless erotic poems. A poetry of the negation of the world and a poetry of sensations and sentiments, the two-fold expression of an aristocracy that was intelligent, refined, and impotent, condemned to submission to the military powers. The women of that social group, according to Burton Watson (*The Columbia Book of Chinese Poetry*, Vol. I) were freer and more educated than in any previous period in Chinese history. This poem by Hsieh Ling-yün is a dialogue between two lovers and, a new transgression of Confucian morality, both of them are married. The original is composed of eight lines of five characters each, divided into two quatrains.

BROTHERHOOD

In the *Palatine Anthology* there are two poems attributed to Ptolemy (VII, 314, and IX, 577). W. R. Paton declares that it is impossible to determine the identity of this Ptolemy, but Pierre Waltz and Guy Saury claim that it is probable that the second epigram was actually written by the great astronomer Claudius Ptolemy. In his poem there is an affirmation of the divinity and immortality of the soul that is clearly Platonic, yet at the same time belongs to an astrono-

mer familiar with the things of the sky. He says: "I know that I am mortal, but when I observe the circular motion of the multitudes of stars I no longer touch the earth with my feet; I sit next to Zeus himself and drink until I am sated with the liquor of the gods—ambrosia." It is beautiful that for Ptolemy contemplation consists of *drinking with one's eyes* immortality.

ALTHOUGH IT IS NIGHT

The title comes from the well-known poem by St. John of the Cross. When I wrote these four sonnets I too was surrounded by night, not the spiritual night of a negative theology, but the dense and noisy night of our century. A public night, the same for all. In those days the first volume of *The Gulag Archipelago* had just appeared; reading it was a moving and disturbing experience. Of course everyone had known that in the Soviet Union there were concentration camps not all that different from Hitler's, and that the number of victims of that institution—our century's most notable contribution to the history of human evil—rose into the millions. Solzhenitsyn's testimony moved me because that abstract knowledge was made tangible. His voice is that of the victim. It is hardly necessary to add that through that voice also speaks a religious and political man whose ideas and beliefs I do not share. Solzhenitsyn provokes in me—as do, at the other extreme, Trotsky and Guevara—contradictory reactions. I have published two articles on him where I express my simultaneous admiration and reservations. Perhaps I wouldn't have written those articles had not many intellectuals throughout Latin America responded to the book with grotesque slanders and attacks. These came not only from the old and new Stalinists, but also from some "progressive liberals" and many of the "Catholic left." Among the latter were of course various Jesuits and former Jesuits. Those of my generation heard and saw the soldiers of the Society praising and defending Franco; thirty years later they were doing the same for the heirs of Stalin.

TO TALK

The phrase "to talk is divine" comes from a poem by the Portuguese poet Alberto Lacerda dedicated to Jorge Guillén.

LITTLE VARIATION

After the death of his friend Enkidu, the hero Gilgamesh decides to search for him in the other world. He meets Utnapishtim, who, like the Biblical Noah, was saved from the flood. The hero talks with the immortal ancestor, but fails in his attempt. If he could not even conquer sleep for sixty nights, how could he conquer death? Gilgamesh returns to die:

> The king lay down never to rise again,
> the lord of Kullaba would never rise again,
> the conqueror of evil would never rise again,
> the man of strength would never rise again,
> the wise and beautiful would never rise again,
> he who penetrated the mountain would never rise again.

> Stretched out on the bed of fate, he would never rise again,
> asleep on the multicolored bed, he would never rise again.

It seems to me that the "multicolored bed" could only be the earth.

THE FACE AND THE WIND

The tree in question is the pipal (*Ficus religiosus*), first cousin to the banyan (*Ficus benghalensis*). Both "commonly start life from seed deposited by birds, squirrels, monkeys or fruit-eating bats, high upon a palm or other native tree. The roots grow downward, attached to the trunk of the supporting plant, but they are not parasitic. . . . The name *strangler* has become attached to fig trees which grow in this way, since their descending and encircling roots become at length largely or entirely confluent, forming a pseudo-trunk hollow at the center through which the dead or dying host tree passes. . . . Roots of fig trees often enter cracks and crevices, thus causing serious injury to buildings and walls on which they are growing." (*Encyclopedia Britannica*) The properties of these trees, as well as their longevity—they last for hundreds of years, and some, it is said, are contemporaries of the Buddha or of his immediate disciples—are even more disturbing than their scientific name: the religious fig. For Buddhists, the pipal is sacred, and it appears in their sculpture, paintings, poems and religious tales. In its shade Gautama perceived the truth and became the Buddha, the Enlightened One; for this reason it is called the Tree of Enlightenment (*bo*, or *boddhi*). The pipal is also sacred to Hindus. It is associated with the Krishna cult; on its branches the god hung the clothes of the cowgirls who bathed in the Jamuna, a favorite theme of erotic poems and paintings. The pipal and the banyan are central elements of the Indian landscape: every hamlet has one, center for meeting and play, sanctuary of Hanuman, the monkey god, trysting-place for lovers, and witness to the visions of mystics. These short religious poems are from the Punjab:

> The pipal's song
> lights me up within.
> *
> The pipal sings, the banyan sings,
> and the green mulberry sings too.
> Pause, traveler, and listen to them,
> put some peace in your heart.
> *
> Under the banyan tree
> something passed by:
> I saw God.
> *
> Give me, pipal, give me
> the path to the heavens.
> *
> Pipal, serene tree,
> untie the knot of my soul.

CENTRAL PARK

This poem opened the catalog to the retrospective of Pierre Alechinsky held at the Guggenheim Museum in New York in February 1987. It was preceded by the following *Argument:*

> Some say that, given the exterior world exists, one must deny it; others say that, given the world does not exist, one must invent it; and still others, that only the inner world exists. Pierre Alechinsky turns his head and, saying nothing, paints a rectangle in which he encloses Central Park in New York, in the late afternoon, seen from the window of his closed eye. The rectangle surrounds the four sides of the park, and is divided into irregular spaces, themselves rectangles, like the boxes in a theater, the cells in a convent or the cages in a zoo. Inside each box swarm bizarre creatures that are somehow vaguely familiar: Are they *they* or *us?* Do we look at them, or are they looking at us? Inside the rectangle, Central Park has been transformed into a green, black, and golden Cobra: Is it an anamorphosis of Alice, the Queen of Diamonds in our sleepwalking deck? The painting is not a vision but a spell.

THE HOUSE OF GLANCES

The lines in capital letters are the words of the Chilean painter Roberto Matta.

Index of Titles

New Directions Paperbooks—A Partial Listing

For complete listing request free catalog from
New Directons, 80 Eighth Avenue, New York 10011   † Bilingual

From Your Capricorn Friend. NDP568.
The Smile at the Foot of the Ladder. NDP386.
Stand Still Like the Hummingbird. NDP236.
The Time of the Assassins. NDP115.
Y. Mishima, *Confessions of a Mask.* NDP253.
Death in Midsummer. NDP215.
Mistral, Frédéric, *The Memoirs.* NDP632.
Eugenio Montale, *It Depends.*† NDP507.
New Poems. NDP410.
Selected Poems.† NDP193.
Paul Morand, *Fancy Goods/Open All Night.*
 NDP567.
Vladimir Nabokov, *Nikolai Gogol.* NDP78.
Laughter in the Dark. NDP470.
The Real Life of Sebastian Knight. NDP432.
P. Neruda, *The Captain's Verses.*† NDP345.
Residence on Earth.† NDP340.
New Directions in Prose & Poetry (Anthology).
 Available from #17 forward; #50, Fall 1986.
Robert Nichols, *Arrival.* NDP437.
Exile. NDP485. *Garh City.* NDP450.
Harditts in Sawna. NDP470.
Charles Olson, *Selected Writings.* NDP231.
Toby Olson, *The Life of Jesus.* NDP417.
Seaview. NDP532.
We Are the Fire. NDP580.
George Oppen, *Collected Poems.* NDP418.
István Örkeny, *The Flower Show /*
The Toth Family. NDP536.
Wilfred Owen, *Collected Poems.* NDP210.
Nicanor Parra, *Antipoems: New & Selected.* NDP603.
Boris Pasternak, *Safe Conduct.* NDP77.
Kenneth Patchen, *Aflame and Afun.* NDP292.
Because It Is. NDP83.
But Even So. NDP265.
Collected Poems. NDP284.
Hallelujah Anyway. NDP219.
Selected Poems. NDP160.
Octavio Paz, *Configurations.*† NDP303.
A Draft of Shadows.† NDP489.
Eagle or Sun?† NDP422.
Selected Poems. NDP574.
St. John Perse.† *Selected Poems.* NDP545.
Plays for a New Theater (Anth.) NDP216.
J. A. Porter, *Eelgrass.* NDP438.
Ezra Pound, *ABC of Reading.* NDP89.
Confucius. NDP285.
Confucius to Cummings. (Anth.) NDP126.
Gaudier Brzeska. NDP372.
Guide to Kulchur. NDP257.
Literary Essays. NDP250.
Selected Cantos. NDP304.
Selected Letters 1907-1941. NDP317.
Selected Poems. NDP66.
The Spirit of Romance. NDP266.
Translations.† (Enlarged Edition) NDP145.
Women of Trachis. NDP597.
Raymond Queneau, *The Bark Tree.* NDP314.
The Blue Flowers. NDP595.
Exercises in Style. NDP513.
The Sunday of Life. NDP433.
Mary de Rachewiltz, *Ezra Pound.* NDP405.
Raja Rao, *Kanthapura.* NDP224.
Herbert Read, *The Green Child.* NDP208.
P. Reverdy, *Selected Poems.*† NDP346.
Kenneth Rexroth, *Classics Revisited.* NDP621.
100 More Poems from the Chinese. NDP308.
100 More Poems from the Japanese.† NDP420.
100 Poems from the Chinese. NDP192.
100 Poems from the Japanese.† NDP147.
Selected Poems. NDP581.
Women Poets of China. NDP528.
Women Poets of Japan. NDP527.
Rainer Maria Rilke, *Poems from*
The Book of Hours. NDP408.
Possibility of Being. (Poems). NDP436.
Whee Silence Reigns. (Prose). NDP464.
Arthur Rimbaud, *Illuminations.*† NDP56.
Season in Hell & Drunken Boat.† NDP97.
Edouard Roditi, *Delights of Turkey.* NDP445.

Oscar Wilde. NDP624.
Jerome Rothenberg, *That Dada Strain.* NDP550.
New Selected Poems. NDP625.
Saigyo,† *Mirror for the Moon.* NDP465.
Saikaku Ihara, *The Life of an Amorous*
Woman. NDP270.
St. John of the Cross, *Poems.*† NDP341.
Jean-Paul Sartre, *Nausea.* NDP82.
The Wall (Intimacy). NDP272.
Delmore Schwartz, *Selected Poems.* NDP241.
In Dreams Begin Responsibilities. NDP454.
Stevie Smith, *Collected Poems.* NDP562.
Gary Snyder, *The Back Country.* NDP249.
The Real Work. NDP499.
Regarding Wave. NDP306.
Turtle Island. NDP381.
Enid Starkie, *Rimbaud.* NDP254.
Robert Steiner, *Bathers.* NDP495.
Jules Supervielle, *Selected Writings.*† NDP209.
Tabucchi, Antonio, *Letter from Casablanca.* NDP620.
Nathaniel Tarn, *Lyrics . . . Bride of God.* NDP391.
Dylan Thomas, *Adventures in the Skin Trade.*
 NDP183.
A Child's Christmas in Wales. NDP181.
Collected Poems 1934-1952. NDP316.
Collected Stories. NDP626.
Portrait of the Artist as a Young Dog. NDP51.
Quite Early One Morning. NDP90.
Under Milk Wood. NDP73.
Tian Wen: *A Chinese Book of Origins.* NDP624.
Lionel Trilling, *E. M. Forster.* NDP189.
Martin Turnell, *Baudelaire.* NDP336.
Rise of the French Novel. NDP474.
Paul Valéry, *Selected Writings.*† NDP184.
Elio Vittorini, *A Vittorini Omnibus.* NDP366.
Robert Penn Warren, *At Heaven's Gate.* NDP588.
Vernon Watkins, *Selected Poems.* NDP221.
Weinberger, Eliot, *Works on Paper.* NDP627.
Nathanael West, *Miss Lonelyhearts &*
Day of the Locust. NDP125.
J. Wheelwright, *Collected Poems.* NDP544.
J. Williams. *An Ear in Bartram's Tree.* NDP335.
Tennessee Williams, *Camino Real.* NDP301.
Cat on a Hot Tin Roof. NDP398.
Clothes for a Summer Hotel. NDP556.
The Glass Menagerie. NDP218.
Hard Candy. NDP225.
In the Winter of Cities. NDP154.
A Lovely Sunday for Creve Coeur. NDP497.
One Arm & Other Stories. NDP237.
Stopped Rocking. NDP575.
A Streetcar Named Desire. NDP501.
Sweet Bird of Youth. NDP409.
Twenty-Seven Wagons Full of Cotton. NDP217.
Vieux Carre. NDP482.
William Carlos Williams,
The Autobiography. NDP223.
The Buildup. NDP259.
The Doctor Stories. NDP585.
I Wanted to Write a Poem. NDP469.
Imaginations. NDP329.
In the American Grain. NDP53.
In the Money. NDP240.
Paterson. Complete. NDP152.
Pictures form Brueghel. NDP118.
Selected Letters. NDP589.
Selected Poems (new ed.). NDP602.
White Mule. NDP226.
Yes, Mrs. Williams. NDP534.
Yvor Winters, *E. A. Robinson.* NDP326.
Wisdom Books: *Ancient Egyptians.* NDP467.
Early Buddhists, NDP444; *English Mystics.*
 NDP466; *Forest* (Hindu). NDP414; *Spanish*
Mystics. NDP442; *St. Francis.* NDP477;
Sufi. NDP424; *Taoists.* NDP509; *Wisdom of*
the Desert. NDP295; *Zen Masters.* NDP415.

For complete listing request free catalog from
New Directions, 80 Eighth Avenue, New York 10011

† Bilingual